弘法大師空海ご生誕一千二五〇年記念

弘法大師 空海

年譜をめぐって

遠藤祐純

ノンブル社

嘉年を祝して

令和五年、弘法大師空海ご生誕一二五〇年の嘉年を迎える。

弘法大師空海は、宝亀《ほうき》五年（七七四）六月十五日、青葉の美しい瀬戸内の海に面した、現在の善通寺《ぜんつうじ》、あるいは海岸寺の辺《ほとり》に呱々の声をあげられた。

空海（青龍寺）

弘法大師空海の生年が、密教の大学匠、不《ふ》空三蔵《くうさんぞう》（Amogha Vajra, 705~774）の歿年と同じことから、空海は不空三蔵の生まれ変わりであるとの風評が立った。空海の生涯を賭けた密教に於ける実績から、宣《むべ》なるかなと思えるのである。

当時、中国には雑密《ぞうみつ》と呼ばれる作《さ》タントラ（Kriyā-tantra）が請来《しょうらい》され流行した。やがて、善無《ぜんむ》畏《い》三蔵（Śubhākara siṃha, 637~735）により『大日経』（Caryā-tantra）が請来され、一行《いちぎょう》（六八三~七二七）と共に『大日経』が訳出され、その疏『大日経疏《だいにちきょうしょ》』も成立した。インドに於いてはBuddhaguhyaが『大日経摂義《しょうぎ》』『大日経広釈《こうしゃく》』を著している。彼はまたĀnandagarbhaやŚākyamitraと並んで『金剛頂経』に対して『Tantra義入《ぎにゅう》』を著している。この三人は後世Bu-stonによって称讃されている。略《ほぼ》同時代に金剛智《こんごうち》により『略出念誦経《りゃくしゅつねんじゅきょう》』（Yoga-tantra）が訳出され、続いて、不空三蔵により『金剛頂経』三巻が訳出された。この三巻本は、後世（一〇四五年）施護《せご》によって訳出された『仏説一切如来真実摂《いっさいにょらいしんじつしょう》大乗《だいじょう》現証《げんしょう》三昧《さんまい》大教王経《だいきょうおうきょう》』の部分訳である。

両部大経の相承に就いては空海と同学の義操《ぎそう》の弟子海雲の『両部大経相承師資付法記』に金・善互授の相承がいわれるが定かではない。両部の相承は、両部の灌頂によるのである。

密教では、金剛界を智法門、上転門、胎蔵法を理法門、下転門と立て、理智不二を説いている。そして本来一如の世界であることを自在の論を以て論じられたのが、弘法大師空海ご請来の密教である。大師の論ずる所は、後世、新義真言宗の祖、覚鑁《かくばん》（一〇九五～一一四三）の「自ら修してこれを知れ」とのお言葉の如く、単に机上の智的作業によって満たされるものではないのである。

これを説かれる弘法大師空海の文言は、当時流行の四六駢儷体《しろくべんれいたい》が多く、われわれは、文の華麗さに目を奪われて、本旨を見失うことが多い。大師の巧みな論調に導かれ、知らず知らずに循環論に陥り、いつの間にか、論の初めに立ち還っていることを、限りない心許《こころもと》なさで屡々《しばしば》経験させられるのである。

若き日の弘法大師空海の転機を示す『三教指帰《さんごうしいき》』を挟む、入唐に至るまでの七年間の空白は、自らの罹病を知り、自ら世間との交渉を断ち、山風に身を晒し、野面《のづら》を吹き抜ける風に吹かれ、川のせせらぎに耳を傾け、いつあるとも分からぬ自らの生死に関わる真実との厳しい対話を幾度びとなく重ね繰り返された大事な時間だったのではなかったろうか。

弘法大師空海の生涯、伝記については枚挙に遑がない。特に昭和五十九年の御遠忌の折の数多の著書・論文があり、世間を賑わせ、今更の感もあるが、それらの諸論書を読み、改めて弘法大師空海の生涯に思いを馳せると、いつもわれわれの思考の先に立たれる後姿を拝することが多く、中々実像に届かないことに気づかされるのである。そこで、全くの初歩から、大師の年譜を頼りに不十分ながら大師の生涯とその周辺を辿ってみたいと思う。

更には、釈尊が般涅槃《はつねはん》時に、諸弟子に遺された「自灯明《じとうみよう》　法灯明《ほうとうみよう》」（attā dīpa dhamma dīpa）の教誡、大師の「衆生尽き　虚空《こくう》尽き　涅槃尽きなば我が願《ねがい》も尽きん」（『高野山万灯会願文』）を念頭に、弘法大師空海のご生誕を祝し、この小論を捧げたいと思う。

目次

序に代えて

空海の生誕は宝亀《ほうき》五年（七七四）、一二五〇年も前のことであり、釈尊の涅槃は八十歳（紀元前四六三年）、空海の入定は六十二歳である。

釈尊生誕の地は、現在のネパールのカピラヴァストウ（Kpilavatthu）である。インドの六派哲学の一、サーンクャ（Sāṃkhya 数論）の始祖の名に因むものとして承認されている。隣国の強大なコーサラ国に常に圧迫されていたが、結局釈尊在世中、釈迦族はコーサラ国によって亡ぼされた。釈尊は在世中に実子のラーフラを含め、一切を失った。

一切を捨離し、城を出られた若き日の釈尊は一介の修行者となり、アーラーラ・カーラーマ（Āḷāra Kālāma）やウッダカ・ラーマプッタ（Uddaka Rāmaputta）に師事し四無色界定を学び、それらに通達《つうだつ》されたが、心満たされることなく、最後に、無息禅（appāṇaka samādhi）を修されたが、只痛苦のみに終った。釈尊はその無益を悟り、山を下り尼蓮禅《にれんぜん》河《が》に体を洗い、牛飼いの娘（あるいは牧場主の娘）Sujāta（善生女）の乳糜《にゆうび》の供養を受けられ、体力の回復を待ち、ガヤー市郊外の静かな園林《おんりん》を修定の場と定め、苦行にも安楽にも片寄らない、中道《ちゅうどう》（majhima patipadā）を選ばれ、asattha樹（菩提樹）の元に東面して静かに坐された。それまでの総決算とも云うべき釈尊の深い冥想は、やがて、世間を出過し、魔を退け、自他を無《な》みし、一切を同和し、縁起の法と一如となり、静謐、寂静の境界に立たれた。その時の釈尊の感慨をわれわれは法句経《ほつくきよう》に見ることが出来る。

「これ有る時彼あり、これなき時彼なし、これ生ずるより彼生じ、これ滅する時彼滅す」

(iti imasmin sati idaṃ hoti imasmiṃ asati idaṃ na hoti imassuppādā idam uppajati imassa nirodhā idaṃ nirjhati//)

「縁起を見る者は法を見、法を見る者は私を見る」「私を見る者は法を見、法を見る者は縁起を見る」（yo paṭiccasamuppādaṃ passati so dhammaṃ passati yo dhammaṃ passati so paticcasamupādaṃ passati//)

と。縁起《えんぎ》の法は、仏教の基本であり主流であるといえる。即ち、十二縁起（根本仏教）、業感《ごうかん》縁起（阿毘達磨《あびだるま》）、阿頼耶識《あらやしき》縁起（唯識）、如来蔵《によらいぞう》縁起（真如）、法界《ほつかい》縁起、密教には六大縁起を立てるのである。

六大縁起を考えるとき、われわれは、インドの原初的かつ根本的なrtaの宇宙構想に繋がっていることに気づかされる。しかし、ギリシャのヘラクレイトス（前五〇〇）の説くpanta rhei《パンタ レイ》（万物流転）とは同義ではない。

十八世紀末、護教的な神学に対し、より公平な宗教学が新たに提唱されたが、「絶対者に対する絶対帰依の念」という枠に収まらない仏教は、一時埒外におかれた。しかし、多くの議論を経てその機能性から宗教と認められたといわれる。

インド国内で種々に展開された仏教は、やがて、交易ルートに沿って、ヒマラヤを越え砂漠を渉って中国に齎《もたら》された。後漢の永平《えいへい》十年（六七）明帝《みんてい》の招きに応じ、迦葉摩騰《かしようまとう》と竺法蘭《じくほうらん》の二人が多くの経論と共にやって来た。明帝はそれを記念して洛陽に白馬寺《はくばじ》を建立した。二人は白馬寺に祀《まつ》られ、今日なお往時を偲ばせる。

インドと中国の往来が頻繁になり、その後法顕《ほつけん》（四〇〇頃）をはじめ玄奘《げんじよう》（六〇〇〜六六四）や義浄《ぎじよう》（六三五〜七一三）がインドを旅し、経論の請来、それに伴う翻訳事業も盛んになった。

仏教が日本にはじめて齎されたのは、欽明《きんめい》天皇（五三九〜五七一）の時、百済国の聖《せい》明王《めいおう》の仏像、経論の献上によるものとされている。

仏教は、奈良に栄えた。即ち、三論《さんろん》、法相《ほっそう》、華厳《けごん》、律《りつ》、成実《じょうじつ》、倶舎《くしゃ》の六宗で、南都六宗と呼ばれ互いに覇を競っていた。その後、天台宗（最澄）と密教（空海）が加わり平安八宗が形成された。

中国における密教の正統は不空《ふくう》三蔵の後、恵果《けいか》和上によって義操《ぎそう》に托され、日本における正嫡は空海に托された。

インド、中国、日本三国伝来の仏教の終尾を飾る日本密教を大成した空海の生涯は眩《まぶ》しい。その輝きに目を奪われて、歴史上の空海の真の姿を見失っているのでは、との思いに捉われて久しい。

空海は、還暦の六十余年を密教一筋に過ごされた。空海請来の密教は、『金剛頂経』を主とする瑜伽《ゆが》タントラ（Yoga-tantra）であり『大日経』を主とする行《ぎょう》タントラ（Caryā-tantra）であった。

両タントラを中心とする日本密教は、最澄によって主張された法華一乗との緊張関係によってより高められたといえる。

弘法大師空海は、四国多度津《たどつ》の佐伯《さえき》氏に生を享《う》けられ、六十有余年を密教請来とその確立に過ごされた。二十三歳の折、久米《くめ》寺東塔《でらとうどう》に『大日経』を感得され、以来、密教に傾斜して行き、入唐を以て解決しようとされた。その傾向は、『御請来目録』に明らかである。同時に、平安仏教の双璧である最澄と同じ遣唐使船団で入唐されているのは日本仏教史において歴史の妙を見るような画期的なことであった。

空海は、入唐後暫《しばら》くして、談勝《だんしょう》、志明の案内を得て、密教の正統を不空、恵果の金剛頂瑜伽タントラ、あるいは善無畏《ぜんむい》、一行《いちぎょう》の『大日経』を中心とする行《ぎょう》タントラの奥義を学び、両部の伝法灌頂《でんぼうかんじょう》を成満《じょうまん》され、日本人としてはじめて阿闍梨位《あじゃりい》を得られた。

その頃、来唐中のインドの学僧、般若《はんにゃ》三蔵、牟尼室利《むにしり》に学び、ナーランダー寺に行われたインド密教に触れられ、同時に、梵語（サンスクリット sanskṛt）梵字（siddhāṃ 悉曇《しったん》）をも学された。サンスクリットを学び、ナーランダー寺に行われた当時の密教に触れられた空海は、密教に対する理解を更に深めていった。

師恵果和上の滅に遇われたとはいえ、在唐二十年の予定を僅か二年半で帰国されたのは何故なのだろうか。

上呈された『御請来目録』を見ると、新旧の経論、儀軌《ぎき》、曼荼羅《まんだら》、先師の肖像画、密具等の請来があった。これらは、国家事業にも匹敵する大事業といえるだろう。あるいは、伝法灌頂成満の折、西安《せいあん》の高僧を招いての披露の法会等、それらの資金は一留学僧《るがくそう》の枠をはみ出しているように思えるのである。

また、四十歳の折、罹病を境に、空海は、彼の主要な書を執筆しはじめ、命終に至るまで筆を擱《お》くことはなかった。

これらの事柄を空海の年譜に従って少しく論じたいと思う。

私にとって、空海の実像を見ようとすることは、恒常《つね》に一切を照らしている太陽を直かに視ることに均しい。陽の光は、全てを克明に照らし出すが、太陽自体を直接見ようとしても眩しく真面《まとも》には見られない。空海を見ることもそれと同様である。陽《ひ》に拠《よ》って視《み》るのは容易だが、陽そのものを直《じか》に見るのは容易ではないのである。

弘法大師空海ご生誕一千二五〇年記念

弘法大師　空海　年譜をめぐって

一、出自

空海は、宝亀五年（七七四）六月十五日、讃岐《さぬきの》国多度郡《くにたどのこおり》屏風ヶ《びょうぶが》浦《うら》、今日の善通寺《ぜんつうじ》あるいは海岸寺の辺《ほとり》に生を享けられた。五山が連なり瀬戸内の海に迫る風光明媚な自然に恵まれた処《ところ》である。

父は、豪族であり地方官吏である佐伯直田《さえきのなおた》公《きみ》善通《よしみち》であり、母は、阿刀《あと》家出身の玉依姫《たまよりひめ》である。佐伯家は、中央の佐伯家とは別である。空海の異才を知り、空海の教育に意《こころ》を注いだ阿《あ》刀大足《とのおおたり》は、善通の実弟であり、玉依姫の妹と結婚し阿刀家を継いだ人である。

空海の家族構成は詳《つまび》らかでなく、早逝の二人の兄が居たといわれるが、必ずしも明らかでは

善通寺

ない。また、年の離れた弟真雅《しんが》（八〇一～八七九）が居た。彼は、空海なき後、高弟実慧《じちえ》等と共に、真言密教の護持発展に大きな働きをした。その他、妹（天台の智証大師円珍の母）や弟（金剛峯寺第二世。真然《しんぜん》の父）が居たといわれるが詳細については現在判らない。

〈空海をめぐる人々〉

佐伯直田公
阿刀氏（玉依姫）

- 兄
- 兄
- 姉（智泉の母）、智泉延暦二十年（八〇一）空海の室に入る
- 空海（宝亀五年〈七七四〉生）
- 真雅（延暦二十年〈八〇二〉生）
- 妹（智証大師円珍の母）
- 弟（真然の父）

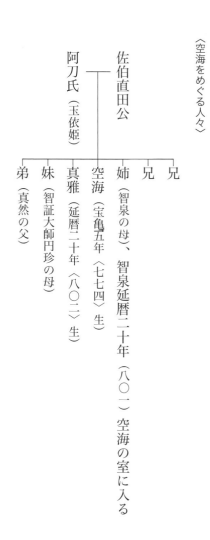

二、都に上る

1　大学に学ぶ

神童、天才の名を恣《ほしいまま》にした空海は、十五歳のとき、学問の手ほどきを受けた阿《あ》刀大足《とのおおたり》に随って、一族の期待を背に上洛し、中央の大学を目指した。当時、伊予《いよ》親王《しんのう》の侍講《じこう》を務めていた碩学の阿刀大足は、中央でも知られていた人物であった。

当時の大学は、貴族の子弟のためであり、一般には開放されていなかった。中央の貴族の子弟は、十三歳から入学が許されていた。故郷では、貴物《とうともの》、神童、天才の名を恣にしていた空海には、閉された大学の門は信じ難いことであったに違いなかった。

そこで、大学入学のための猛烈な受験勉強が始まった。『三教指帰《さんごうしいき》』の文に、

雪螢《せっけい》をなお怠《おこた》るに拉《とりひし》ぎ、縄錐《じょうすい》の勤《つと》めざるに怒る。爰《ここ》に一の沙門《しゃもん》あり、余《われ》に虚《こ》空蔵《くうぞう》聞《もん》持《じ》の法《ほう》を呈《てい》す（弘全三・三二四）

とあるのは、大学での学究のことを含めて、入試のための勉強の様相でもあったろうか。

上洛《じょうらく》して間もなく、石淵勤操《ごんそう》（七五四〜八二七）に『虚空蔵求聞持法』併《なら》びに『能満虚

空蔵法』を受けられた。その頃、都では、僧侶の間に、記憶力増進のため、『虚空蔵求聞持法』がもて囃《はや》され、修《しゅ》されていた。

『虚空蔵求聞持法』について、『三教指帰』には、次の文が引かれている。

一《ひとり》の沙門あり、余《われ》に虚空蔵聞持の法を呈す。其《そ》の経の説かく、若《も》し人、法に依って此の真言を誦《じゅ》すること一百万遍をすれば、即ち一切の教法の文義《もんぎ》を暗記することを得（弘全三・三二四）

とある。

当時の大学入試は、中国の科挙《かきょ》と同じように、厖大な量の経典、詩文などの暗記が要求されたのである。記憶力の維持、増進のための『求聞持法』の修法《しゅほう》は、彼らにとって、極めて魅力的であったろう。

空海が、大学への入学を許可されたのは、上洛して三年目、十八歳のときであった。一般の貴族の子弟たちに五年も遅れての入学である。神童、天才と呼ばれて来た空海の心中に鬱積《うっせき》したものが澱《おり》のように積っていたであろう。

大学では明経科《みょうぎょうか》に籍をおかれた。大学時代、特に親しい友もなかったようである。常に孤高のうちに多感な学生時代を過ごして、只管《ひたすら》勉学に集中して過ごされた。
直講《ちょっこう》味酒浄成《うまざけのきよなり》に従って『毛詩《もうし》』『左氏《さし》伝《でん》』『尚書《しょうしょ》』を読み、岡田《おかだ》（牛養《うしかい》?）博士に『左氏春秋』を問う。伝く『経史』を覧しかとも専ら仏教を好むと。

その頃空海は身体の異状を感知された。それに対峙し自然の山川海にその解決の道を求め、そして仏教へと目を向けられた。大学に学べる頃、すでに仏教に深く傾斜していたのである。仏教に没頭するに従って大学とは徐々に疎遠になっていった。

御厨人窟

2　大学中退

仏教に心を向けられた空海は、この頃、溢れる想いを綴った清新の書『聾瞽《ろうこ》指帰《しいき》』を書き上げられた。後に『三教指帰』と改題された空海の処女作である。登場人物も他に類を見ない、兎角《とかく》、蛭牙《しつが》といった架空の人物を登場させる類のない珍しい手法である。空海は、彼らを通して、思う所を存分に披瀝している。われわれは、この書によって若き日の空海の想いを知ることが出来るのである。

大学を離れた空海は、阿波《あわ》大滝《たいりゅうの》嶽《たけ》、土州《としゅう》室戸《むろと》岬《ざき》などの大自然の中に自らを解き放ち、海と空、青一色の海辺の御《み》蔵洞《くろど》に未完の『虚

御厨人窟（内部）

空蔵求聞持法』を修し、明《あ》けの明星《みようじよう》の口中に入るを以て、「求聞持法」の円満を知られた。

内海に面した穏やかな海辺に育った空海にとって、岸辺の岩を洗う荒々しい波、木々を叩《たた》く激しい風、そして、其の彼方に見る海は空と一体となり、緩《ゆる》やかな円を画《えが》き果てしなく広がり、清新で、内に秘められた命の躍動を感じさせるものであったろう。

空海は見た。

病める体の内に秘められた生命の躍動と生の素晴らしさを。

二十歳、槇尾《まきお》山寺《さんじ》において、勤操《ごんぞう》に従って沙弥《しやみ》となり、十戒、七十二威儀《いぎ》を受けられた。名を教海《きようかい》と称し、後、如空《によくう》と改められた。

御厨人窟から海を見る

更に、二十二歳のとき、東大寺の戒壇で、同じく勤操を戒師とし、四分律に従って具足戒《ぐそくかい》（upasampadā）を受けられ、名も空海と改められた。

この時、詳しい事情は現在不明であるが、度牒《どちょう》を得ておられず、正式の僧として登録されず、私度僧《しどそう》で過ごされた。

空海二十八歳の折、智泉《ちせん》の入室を許しているので、空海自身、私度僧の意識は希薄だったのではなかったろうか。

空海、二十四歳、嚮《さき》に稿《こう》ずる所の『聾瞽指帰』を再訂して、『三教指帰』と改められた。「誰《た》れか他家の披覧を望まんや、時に延暦十六年、臘月《ろうげつ》一日」の文があり、若き日の空海の若者らしい潔癖な心奥を吐露せる文と見られる。

その後の七年間、外との接触を避けるように常に孤高のうちに多感な学生時代を過ごして、只管《ひたすら》勉学に集中して過ごされた。前述のように、「直講味酒浄成に従って『毛詩』『左氏伝』『尚書』を読み、岡田博士に『左氏春秋』を問う。伝く『経史』を覧しかとも専ら仏教を好む」ともいわれた。この頃、空海は、二人の兄の命を奪ったと推察される癰《よう》に罹《かか》られたことを知られたのではなかったろうか。この病に空海は終生悩まされたのである。

『聾瞽指帰』に、「譬えば悪瘡の未だ潰《つぶ》れず」と述べている。この記述が余りにも直接的な表現だったため『聾瞽指帰』を新たに書き直しているのである。

自らの病を知られた空海は、病に効果のある水銀を求め、和歌山県の紀ノ川あるいは高野山に源流を持つ有田川《ありだがわ》流域を訪れた。

後日、小は弘法池、大は満濃池《まんのういけ》の修復時に見せた地理、地質学、土木等々の知識により、水銀に関わる仕事に就き財を得、将来の入唐に応《こた》えることが出来たのではなかろうか。

仏教に志を決められてから空海は日夜を分たぬ久修練行に努められていた。その頃、空海は、久米寺《くめでら》の東塔《とうどう》の下に『大日経』を感得された。その時、他の未見の密教経軌《きょうき》も手にされたことであろう。

『大日経』を読み、行間に目を凝《こ》らしても理解することは出来なかった。南都の碩学、大徳に問うても答えを得ることは出来なかった。招提寺《しょうだいじ》に寓《ぐう》する唐僧たちも同様であった。

その時、空海は、唐決《とうけつ》を決心されたのであろう。招提寺を度々《たびたび》訪れ、唐の仏教事情、特に、密教について、唐国の様子を聞き学び、同時に唐語の会話なども学ばれたことであろう。

そこで、鑑真《がんじん》（六八八〜七六三）の来朝に同行した、年齢の一番近い如宝と親しくなった。略々不空《ほぼほぼふくう》と同時代の鑑真は、日本へ渡航第五回の折、海南島《かいなんとう》に漂着し、広州《こうしゅう》の近くの韶州《しょうしゅう》に一春を過ごした。ちょうどこの頃、不空三蔵が長安《ちょうあん》を離れて韶州に滞在していた。鑑真和上一行との行き会わせは、全くの偶然で、記録はないが、両者共に高名の師であり、鑑真和上の一行は、唐土の密教、不空三蔵について知るところがあっただろう。

鑑真は、渡日を志して十二年目、第六回目に渡日に成功された。天平勝宝《てんぴょうしょうほう》五年（七五三）であった。その時随行したのは、法進、曇静、思託、義静、法載、法成、恵雲、仁幹ら十四の僧。

智首ら三人の尼僧。

優婆塞《うばそく》の潘仙童、如宝、軍法力、善聴ら、全て二十四人であった。

空海は、特に最年少者の如宝に親しく、晩年親交厚い如宝の依頼に依って『招提寺達嚫願文《しょうだいじだつしんがんもん》』を代筆し上呈しているのである。

また、高野山全山に水銀の鉱脈を有《も》つといわれる山を支配する丹生都比売神社《にふつひめじんじゃ》への接近などの経緯も無視することは出来ない。地学、地質学、地誌学に造詣の深い空海の冶《や》金《きん》などへの関与も当然考慮される。

今日では、その毒性から禁止されているが、近年まで、梅毒の治療に、あるいは癰《よう》、腫瘍《しゅよう》特効薬として水銀軟膏が用いられた。空海の留学僧時代の、豊かな請来物購入の資金の源はこの辺りに求められるのではなかろうか。

また、空海を入定《にゅうじょう》へと誘った悪瘡《あくそう》は癰《よう》の一種であり、空海の人生の転機ともなった四十歳の頃の病も同様ではなかったかと思われるのである。

更にいえば、二十歳頃に、空海は、年譜には誌《しる》されていないが、すでにその予兆を感じとっていたのではなかったろうか。

空海は、それに堪え、厳しく苛酷な年を過ごさねばならなかった。

空海は堪えた。『聾瞽指帰』の序文に次のような文が見られる。すなわち、
譬《たと》えば悪瘡未《いま》だ潰《つい》へず
と。しかし、この文は『三教指帰』では削除されている。以後、空海の文章からは病を感じさせる文言は見られない。

空海は、自らの病を他に語ることも公にすることもなかった。むしろそれを避けてい

た。しかし、この悪瘡に生涯悩まされることになるのである。

空海研究に詳しい櫛田良洪（一九〇五～一九八〇）先生は、著書『空海の研究』（山喜房佛書林、一九八一）に、この七年間を「千古の謎」と断じておられる。殆《ほとん》どの空海の伝記は、空白の七年間と記して、次の飛躍に備えての準備期間であるとしている。

確かに、よく撓《た》める者は良く跳ぶのであるが、七年という歳月を、空海は、無為に過ごしたとは思えない。

病を抱きながら、空海は俟った。何かを心に期しながら空海は時の熟するのを待った。

三、入唐

突然、空海に請益僧《しょうやくそう》としての勅許《ちょっきょ》が下された。その報せを空海は何処で誰れから聞いたであろうか。年齢も三十一歳になっており、決して若いとはいえない年齢である。空海に焦りはなかったろうか。恐らく見えない所での阿刀大足の援けがあったであろう。

乗船間近かに、空海の私度僧《しどそう》であることが判明した。そこで、急拠、東大寺の戒壇《かいだん》で、再度具足戒《ぐそくかい》を受け留学僧《るがくそう》としての資格を整えたのである。名は、私度僧の時の侭《まま》であった。

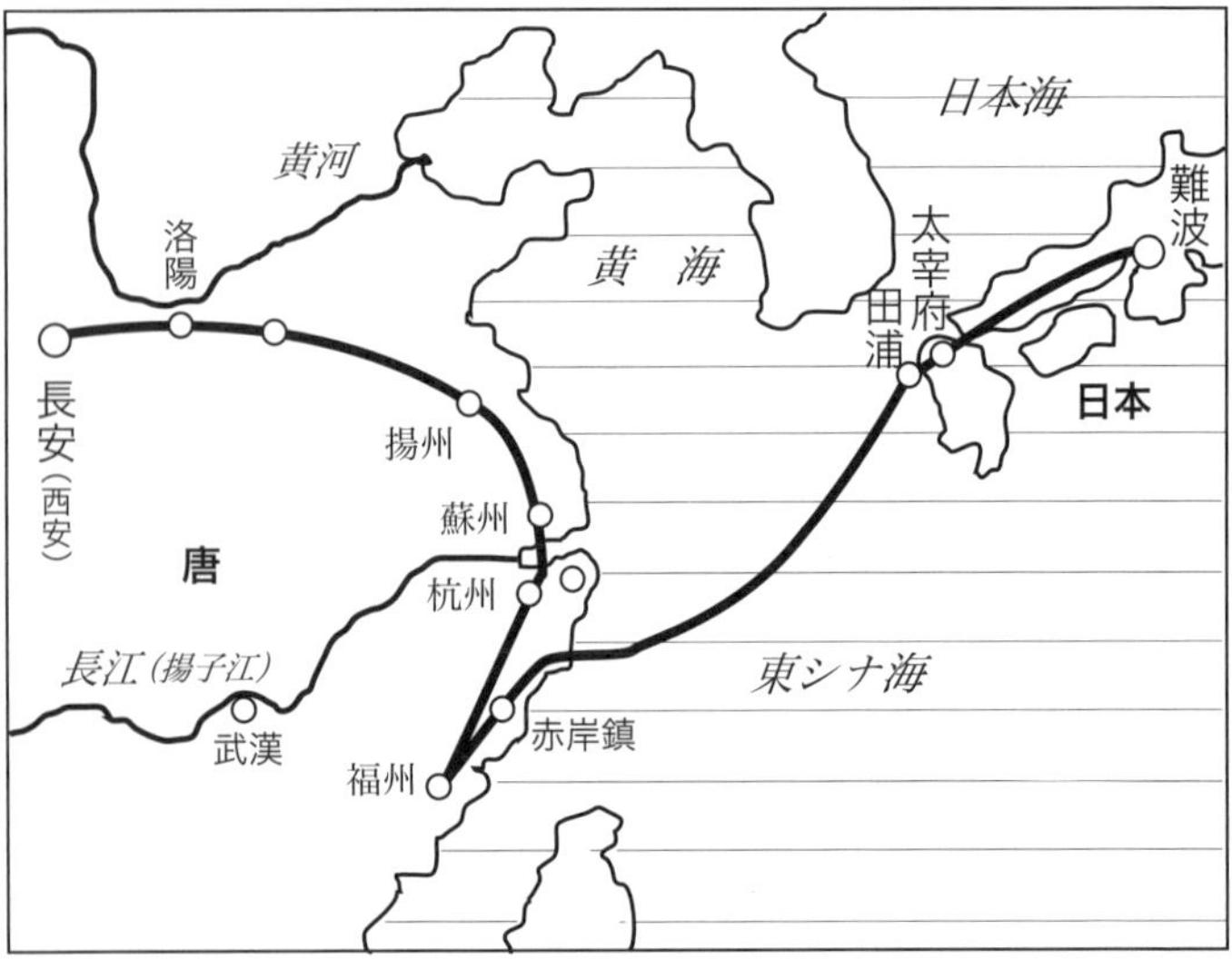

空海入唐の行路

1　船　出

藤原葛野麻呂《ふじわらのかどのまろ》を大使とする四艘からなる遣唐使船団が難波《なにわ》住吉《すみよし》の三津崎《みつみさき》を出港したのは、延暦二十三年（八〇四）四月十六日であった。船出して五日目、暴風雨に遇い、船団は四散し、最澄の乗った船も航行不能となり、辛うじて筑紫《つくし》に難を逃れた。

渡航は取り止めになり、新たに船団を整え、再度の出航に備えた。このわずかな期間に、何故、度牒《どちょう》も有《も》たない一介の私度僧に白羽の矢が立ったのであろうか。また、空海は何処でこの報せを聞いたであろうか。入唐《にっとう》を望んでいた空海にとっては文字通り渡りに船だったろう。当時の遣唐使船は、平底の和船で、長さ三〜四十米《メートル》、幅九米許《ばか》りであった。当時の北欧の船のような堅牢さに欠けるといわれる。乗船出来る人数も一四〇名前後といわれている。

四艘からなる船団の第一船には、正大使の藤原葛麻呂と空海ら、第二船には、副大使の菅原清公《すがわらのきよきみ》（七七〇〜八四二）や還学僧の最澄らであった。平安仏教の巨星二人が一緒に入唐の船に乗っていた。われわれは天の配剤の妙を感じずにはおれない。

延暦二十三年、肥《ひ》前《ぜん》田《た》浦《うら》より出帆した。間もなく暴風に遇い、四船バラバラとなった。第一船は、東シナ海を漂うこと一ヶ月余、福州赤岸鎮《ふくしゅうせきがんちん》に漂着したが、地の利が悪く、五十余日にして福州の港に移動した。

その頃、唐朝では人事の異動があり、また、国書を携えてなかった事などの事由で、新任の観察使《かんざつし》兼刺史《しし》の閻済美《えんさいび》は、上陸を許さなかった。万策尽きて、葛野麻呂は、空海に上申書の代筆を依頼した。そこで、空海は、「福州の観察使に与うる書」を書して上呈した。それを一読した閻済美は、筆者の広汎な学識、優れた文章、筆跡の美しさに驚き、早々に、中央に馬を走らせたのである。以後、長安に出発するまでの待遇もすっかり変わった。

長安出発間近かになって、空海に、思いがけない事態が待っていた。入京を許された二十三名の中に空海の名が無かったのである。閻済美は、空海の才能を手許に残しておきたかったのであろうか。

驚いた空海は、即座に「福州の観察使に与えて入京するの啓」の文を送り、許可を得ることが出来たのである。

長安までの厳冬の二千四百キロ（七千五百二十里〈中国の里数〉）の凍てつく路を、馬、舟を乗り継いで、五十日余をかけて踏破した。長安に入ったのはその年の末、厳冬の最中であった。

今日、われわれの想像つかない苦難の旅であったろう。中国大陸の寒さの厳しさは一入である。

2　長安の都に入る

長安到着の翌々日には、唐の朝廷の迎えの馬に乗って、長安城に入った。

そこには、すでに入国して、最澄を天台山に見送り、十一月十五日に到着した第二船の副大使菅原清公の一行二十七人が出迎

大雁塔（西安）

えた（石川道益は上陸後間もなく歿した）。

　朝廷への挨拶、儀式を済ませ、宿舎の宣揚坊《せんようぼう》に落ち着くと間もなく、徳宗《とくそう》が急逝し、国喪のため、藤原大使一行は足留めとなった。その間も空海は、大使に付き添い、通辞《つうじ》などの仕事を手伝って過ごした。

　その頃、洛陽《らくよう》には、日本の平安文学に大きな影響を及ぼした白居易《はっきょい》（白楽天）が住していた。もし、この二人が対面していたら、との想いが心を走る。

　一説に、白居易に面接した折、空海は持参の『三教指帰』を示したという説もあるが、中国本来の歴史ある儒教、道教を仏教の下におき、擬人化された人物を登場させているこ

ナーランダー寺講堂

の論を中国で容易に公開されたとは思えないのである。
国喪中とは申せ、百万都市を誇る長安の賑わいは変わらなかったろう。
斗酒なお辞せぬ不世出の詩人李白《りはく》が、
胡姫《こき》貌《かんばせ》花の如く　壚《ろ》に当って春風に笑う
とか、
落花《らっか》踏み尽して何処《いずこ》にか遊ぶ　笑って入る胡姫酒肆《こきしゅし》の中
と詠《うた》っている爛熟した百万都市長安の街、紅毛碧眼《こうもうへきがん》の美しい女性、あるいは、儒教、道教、ゾロアスター教、マニ教、キリスト教ネストリュウス派の景教《けいきょう》寺院の様子は、空海の眼にどのように映ったであろうか。この辺りの事情を忍ばせる空海の言葉は見当たらない。
二月十一日、役目を終えた藤原遣唐大使一行が帰路についた。諸事大使を援《たす》けた留学僧の空海は橘逸勢《たちばなのはやなり》（七八二？～八四二）と共に残り、永忠《えいちゅう》和上の故院に住された。
その頃、ナーランダー寺に学んだ般若三蔵《はんにゃさんぞう》（七三四～八〇六）が入唐した。
般若三蔵は、カシミールの人で、ナーランダー寺に学び、その後、南インドに往き、持明蔵、瑜伽《ゆが》怛特羅《たんとら》などを学び、建中二年（七八二）長安に入った。般若三蔵がインドに在《あ》って密教を学していた頃、『大日経』や『金剛頂経』の両経に註を施したBuddhaguhya が居た。彼は、西蔵王 Khri-sroṅ lde bstan（治世七四二〜七八六）によって招聘されたが、断わったという事実が残されており、彼は八世紀中葉の人と思われる。『金剛頂経』の註釈書『Tattvāloka』の作者 Ānandagarbha や『Kosalālaṅkāra』の著者 Śākyamitra が同時代に居り、瑜伽タントラの『金剛頂経』が一時盛行を見たが続かなかった。

八世紀初頭、善無畏《ぜんむい》（Śubhākara siṃha, 637~735）が行タントラの『大日経』を携え洛陽《らくよう》に入り、一行《いちぎょう》と共に西京華厳寺蔵の無行《むぎょう》禅師請来《しょうらい》の『大日経』を訳出し、更に、『大日経』の註釈書『大日経疏』二十巻を口述した。

この頃、Buddhaguhya が『大日経』に対して、『略釈』と呼ばれる『Rnam-par-snaṅ mdsad mṅon-par byaṅ-chub-paḥi rgyud-kyi bsdus-paḥi don』（『毘盧遮那現等覚怛特羅摂義』東北 No. 2662）が『広釈』に先んじて著された。次いで、『広釈』と称される『Rnam-par-snaṅ mdsad mṅon-par byaṅ-chub-paḥi rgyud chen-poḥi ḥgrel bśad』（『毘盧遮那現等覚大

怛特羅註釈』東北No. 2663）が著された。

以上のように『大日経』に関しては、善無畏と一行によって訳出され、その疏も口述された。しかし、Buddhaguhyaに依る『大日経』の『広釈』や『略釈』は、『金剛頂経』同様、中国に齎されることはなかった。

善無畏の洛陽入りに先んじて入洛《にゅうらく》した金剛智《こんごうち》（六七一～七四一）は、善無畏歿後長安に入り、金剛頂経の略論『金剛頂瑜伽中略出念誦経《こんごうちょうゆがちゅうりゃくしゅつねんじゅきょう》』を訳出した。金剛智が歿して十一年後、不空《ふくう》（七六五～七七四）によって『三巻教王経』と称される『金剛頂経』が訳出された。しかし、その完訳は『初会金剛頂経《しょえこんごうちょうきょう》』と呼ばれる『仏説一切如来真実摂大乗現証三昧大教王経』施護《せご》訳（九八〇年、入宋）三十巻（梵本・G. Tucci蔵、Snellgrove蔵、西蔵訳・東北No. 479）を俟たねばならなかった。

善無畏、一行、『略出念誦経』を訳出した金剛智らが活躍した八世紀初頭、不空は『三巻教王経』を訳出し、「金剛頂瑜伽の法門は速疾成仏《そくしつじょうぶつ》の経」と説かれた。彼の付法の弟子恵果《けいか》和上は「金剛界大悲胎蔵の法門が即身成仏の路」と歩を進められた。

本来丈夫でなかった恵果和上は、中国での密教の展開を義明に託し、日本での展開を空海に任せた。こうした事情も空海の伝法灌頂や早い帰国に関係しているのではなかったろうか。

空海は、瑜伽タントラに属する金剛頂経と行タントラの『大日経』を一連の宗教体験とした。

これは未曾有のことで、われわれは今日、それを理解、体証するため、現存の空海未見の梵本、あるいは西蔵訳された諸註釈書、要義集などをもって、従来の理解に留まることのない、柔軟な研究姿勢が求められているのではなかろうか。

空海は、恵果和上に師事する傍ら、幸い入唐していた般若三蔵や牟尼室利について悉曇を学び、ナーランダー寺の仏教や、南インドで盛行の密教を学び、サンスクリット（梵字・悉曇）を学んだ。

これに依って、空海の密教理解は更に深まり、視野は広くなり、言語感覚も一層鋭くなった。

3　俟つこと久し

(1)　恵果和上との出会いと受法

西明寺に居し、勉学に勤んでいた空海は、談勝、志明の案内で、恵果和上の許《もと》を訪れた。和上は空海を一目ご覧になられて、その器なることを覚られ瀉瓶《しゃびょう》の伝法《でんぽう》をした。

それを不服としていた弟子の一人珍賀は、ある夜、諸神の念怒形《ふんぬぎょう》を夢みて、前非《ぜんぴ》を悔い改めたという経緯があった。

これが、恵果和上の周囲の空気だっ

恵果和尚

たのであろう。

異国の一介の留学僧に対しては、破格の待遇だった。

余命を悟られていた恵果和上は、空海の灌頂を急がれた。即ち、その年（八〇五）六月に、大悲《だいひ》胎蔵《たいぞう》の学法灌頂壇《がくほうかんじょうだん》に入り、翌七月には金剛界大曼荼羅《こんごうかいだいまんだら》に入られた。

金・胎両部の灌頂に入られた折、投じた華が何れも大日如来の上に落ちた。これを見て恵果和上は、稀有なることを歎じ、空海の密号を遍照金剛《へんじょうこんごう》（Vairocana vajra）とされたのである。

八月には伝法阿闍梨位《でんぼうあじゃりい》灌頂の壇に登り、密教の全ての行位《ぎょうい》を終了された。

その頃、天台山に登った最澄は、所定の学業を終えて帰路にあり、三月に明州《みんしゅう》に還り、帰京のために船を待っていた。船を待つ間、越州《えつしゅう》に赴き、龍興寺《りゅうこうじ》の順暁《じゅんぎょう》に随って、金《こん》・胎両部《たいりょうぶ》の大法を学し、法印、真言、密具などを授けられた。順暁との出会いは、予定されていたものでなく、密教の素養のなかった最澄は、どの程度、密教を授けられたか不詳である。ただ、長安の都における密教の胎動を感じ取られたことであろう。そして、その時、法華一乗《ほっけいちじょう》に密教を加えることを密かに、確たるものとして考えられたのではなかったろうか。

⑵　師との別れ

伝法阿闍梨位の灌頂を済まされた空海は、唐の習慣に従って僧斎《そうさい》を設けた。知り合いの学僧、大徳ら五百人余を招いたといわれる。長安に入って一年にも満たない、異国の一介の留学生の良くすることかと思って仕舞うのである。しかし、請来せる数多の経論、儀軌、真言、密具、曼荼羅、肖像画などの質量を見れば、首肯せざるを得ないものである。義明と空海に両部の法を依嘱し終えられた恵果和上は、安心の微笑の中に見せた老いの影は隠せなかった。

『付法伝』に依れば、不空の教えに忠実であった恵果和上は、不空が「金剛頂喩伽の法門是れ成仏速疾《じょうぶつそくしつ》の路《みち》なり」とするのに対して、更に歩を進め、次のように説かれた。即ち、

金剛界、大悲胎蔵両部の大教は、諸仏の秘蔵、即身成仏の路なり

と、密教の視野を広められた。成仏の経路は、金剛頂喩伽の法に限らず、胎蔵法も等同であるとしたのである。

密教の秘奥を、東海の一留学僧空海に瀉瓶し、恵果和上は、寂然として、心静かに滅に入られた。

悲しみの中、遺弟たちは、和上を城東の地に葬り、和上の徳を讃える記念の碑《いしぶみ》を建立することになった。その碑の文と書は空海に任せられた。

碑文は、「大唐神都青龍寺故三朝の国師灌頂の阿闍梨恵果和尚の碑」として『性霊集《しょうりょうしゅう》』に残されている。それが碑に刻されたか否かは不明である。

書、文章は、中国文化の誇るべき財であり、それを、日本の一留学僧に一任されたことは中国の僧たちの度量の大きさもさることながら、空海の才の抜きん出ていることを示す一例であろう。

空海は恵果和上の意を体して、早速、帰国の準備に入られた。

四、虚往実帰

（虚《むな》しく往《ゆ》いて実《み》ちて帰る）

空海は、未請来の新訳の経論儀軌の請来に意を注いだ。それらの成果は、『御請来《ごしようらい》目録《もくろく》』に見ることが出来る。

入唐学法の沙門空海が大同元年（八〇六）に請来せる経律論疏章伝記。幷に仏菩薩金剛天等の像。三昧耶曼陀羅。法曼陀羅。伝法阿闍梨等の影像。及び道具。並に阿闍梨付嘱物等の目録。都合六種。就レ中

新訳等の経都テ一百四十二部二百四十七巻。

梵字真言讃等都テ四十二部四十四巻

論疏章等都テ三十二部一百七十巻

已上三種惣テ二百一十六部四百六十一巻

仏菩薩金剛天等ノ像。法曼陀羅。三昧耶曼陀羅幷ニ伝法阿闍梨等ノ影一十鋪

道具九種。阿闍梨付嘱物一十三種

を請来している。これら数多の請来物は、遥かに一留学僧の財力を越えたものであったろう。

請来の経論も新訳を選んでおり、『表制集』第二、円照集、『開元録』巻第二〇、『大唐貞元続開元釈経録』所収の新訳が多い。そこに空海の目配りを知るのである。

請来物が密教に偏していることは当然であるが、梵字、悉曇の書の請来は、当時、梵語、悉曇を学んだ空海のみが出来るものであったろう。国家事業にも匹敵するこの事業の費用は生半可のものではなかった。

「越州の節度《せつど》使《し》に与えて内外の経書を求むる啓」に、

今、現に長安城の中において写し得る所の経論疏等凡《すべ》て三百余軸及び大悲胎蔵・金剛界等の大曼荼羅の尊容、力を竭《つ》くし財を涸《から》して趁《もと》め逐《お》って図画せり。しかれども人は劣に教は広うして、未だ一毫《いちごう》を抜かず。衣《え》鉢《はつ》竭《つ》き尽きて人を雇うことも能わず。食寝を忘れて書写に労す。日車《じっしゃ》返り難《がと》うして忽《たちま》ちに発期迫れり。心の憂い誰に向ってか紛《いきどおり》を解かん

と。

また、帰国の同行を申し出た橘逸勢《はやなり》のための申請書「橘学生本国の使に与うるがための啓」に、

日月荏苒《じんぜん》として資生都《すべ》て尽きぬ。この国の給う所の衣糧僅かをもって命を続《つ》ぐ、束修《そくしゅう》

三鈷杵の松

読書の用に足らず。たとい、専ら微生が信を
守るとも、あに廿年の期を待たんや
と。いずれも資金の乏しさを訴えて早期帰国を求
めているのである。

資金不足は空海も同様であった。しかし、請来
の品々を見ると、厖大な資金を要したと思われる
が、その出所は不明である。

空海が、経、論、疏、儀軌、密器、曼荼羅、祖
師方の肖像画などの蒐集に拘ったのは、帰国を念
頭においての事だったのであろう。

帰国を待ち侘びる空海の念ずる通り、予想もし
なかった遣唐使船がやって来た。

船は、皇帝徳宗《とくそう》（七四二〜八〇五）の急な崩御に
伴う新皇帝順宗の即位を祝するため急遽送られ

た。遣唐大使高階真人《たかしなのま》遠成《ひととおなり》の乗る船であった。これは、まさに人知を越えた歴史の妙とでも云うべきことであろう。

空海は、早速、意を通じ、帰国の便乗を願い出た。高階遣唐大使は、空海の意を汲んで唐朝の許可を得たのである。

越州に在って、出航を待つ間も、空海は、論書の蒐集に意を注いだ。同時に、帰心を托し、また、密教流布の願いを籠《こ》め、二鈷《さんこ》杵《しょ》を東方の大空に、日本に向けて投ぜられた。

1 『御請来目録』

恵果和上の野辺の送りも済んだ大同元年（八〇六）八月、空海は、高階遠成の船で明州の港を出帆した。帰路も往路同様に厳しい航海であった。帰国の月日は定かではないが、僅かな時の間に天皇も桓武《かんむ》天皇から平城《へいぜい》天皇に変わり、年号も延暦《えんりやく》から大同《だいどう》に変わっていた。

一足先に帰国した最澄は、帰国するや、空海が伝法灌頂を受けている頃、高雄山《たかおさん》に灌頂壇を開いている。その内実は不明である。伝法阿闍梨として壇を開く資格があったか否かも不明である。空海は帰国後、しばらく筑紫観音寺に留めおかれた。その間、新請来の経、論、曼荼羅、図像、密具などを整理し『御請来目録』として、大同元年十月二十二日付で上表している。この『御請来目録』を知って最も喜んだのは、恐らく、最澄であったろう。その後の写経への執着は、それを如実に物語っているようである。

血の滲むような想いで入手された諸経論は極めて貴重で、それを貸与することは、今日脱活字文化に在るわれわれには想像もつかぬことであったろう。

最澄は急いだ。法華一乗のもとに新来の密教を位置づけようと試みたが、勿論《もちろん》空海の同ずる所ではなく、逆に、顕密各別を明確に示されたのである。

大同二年（八〇七）一月、『大日経』を由縁《ゆかり》の久米寺《くめでら》において講じられた。

この辺《あた》りは、弘仁元年（八一〇）の薬子乱《くすこのらん》の影響か、自重の様子が見られた。これによって高岳親王《たかおかしんのう》は皇太子を廃され、空海の門に入り出家し、真如《しんにょ》と号された。空海に師事していたが、空海なきあと貞観四年（八六二）入唐し、更に天竺を目指したが、途中、音信を絶った。それは、現在のヴェトナムの辺りであろうと推測されている。

2　最澄と空海

その頃、空海は、東大寺別当、乙訓寺《おとくにでら》別当を歴任し、高雄山に還り、弘仁三年（八一二）十一月十五日、金剛界の結縁灌頂《けちえんかんじょう》、十二月十四日には胎蔵法の結縁灌頂を開筵《かいえん》して、最澄ら、在俗の信者と共に入壇せしめている。その内訳は書の面でもよく知られている『灌頂歴名《かんじょうれきめい》』に明らかである。

この灌頂に先立つ十月二十七日、最澄は、乙訓寺に空海を訪れている。それは泰範《たいはん》に宛てた十月五日付の手紙から明らかである（次頁参照）。

この手紙の中に、空海の言として「生年四十期命尽くべし」の言を誌《しる》している。生涯を通じて、自らの病を滅多に口にされたことのない空海が、初対面にも不拘《かかわらず》このような会話を交わされたお二人は、互に胸襟を開かれておられたように見受けられるのである。空海も自らの病をかなり重篤と感じられたのであろう。

しかし、何気なく洩らされた空海のこの言が、泰範《たいはん》を手元に呼び戻すための言葉とし

比叡山老僧冣澄敬白
応ニレ受二法ス灌頂ヲ一事
右冣澄。以テ二去月廿七日頭陀ノ之次ヲ一。宿シ二乙訓寺ニ一。頂二謁ス空海阿闍梨ニ一。教誨慇懃。具ニ
示サレ二其三部ノ尊像ヲ一。又令ムレ見二曼荼羅ヲ一。倶ニ期ス二高雄ニ一。冣澄先ニ向ヒ二高雄山寺ニ一。以テ二同月
廿九日ヲ一。阿闍梨永ク辞シ二乙訓寺ヲ一。永ク住ス二高雄山寺ニ一。即チ告テ曰ク。空海生年四十。期命
可シレ盡ク。是ヲ以テ。爲ノレ念センカレ仏ヲ故ニ。住ス二此山寺ニ一。東西不レ欲セ。宜シク下所持ノ之真言ノ法。
付中属ス冣澄闍梨ニ上。惟早速ニ今年ノ之内ニ受二取セヨト付法ヲ一。云云計ルニ二其所ヲ一レ許ス。諸仏
所ナリレ加スル。以テ二來ル十二月十日ヲ一。定メ二受法ノ之日ト一已畢ヌ。云云伏シテ乞フ。大同法求法ノ之故ニ。
早ク赴キ二叡山ニ一。今月備ヘ二其調度ヲ一。以テ二今月廿七日ヲ一。向フ二高雄山寺ニ一。努力努力。我カ大同法。
莫レ二忍留スル一ヿ。委曲ノ之状。令ムレ知ラ二光仁仏子ニ一。謹テ状ス

弘仁三年十一月五日

小同法冣澄状通

高雄旅同法範闍梨座前

『伝教大師消息』

て用いられるとは、空海にも思い及ばぬことであった。更に、「宜下ク所持ノ之真言ノ法。付中属ス最澄闍梨ニ上」の文を如何に受け取られただろうか。

翌年、弘仁四年（八一三）、空海は、自らを鼓舞するため、敢えて『中寿感興の詩并序』を書かれた。空海は如何なる想いを籠めてこの文を認《したた》められたであろうか。

「中寿」は、八十歳で般涅槃された釈尊の年齢の半ば四十歳の意であり、また不惑の意でもある。当時、知命、還暦、喜寿とならんで不惑を祝う習慣があったであろうか。

以後、最澄の便が増えているにも拘らず、空海の便は尠なくなり、両者は、徐々に疎遠になっていった。因は重大な形而上の問題でなく、些細な形而下の問題に見ることが出来る。大きな傷よりも却って小さな傷が心を苛立《いらだ》たせる如くである。

この頃、承和の遺誡《ゆいかい》と共に『弘仁の遺誡』としてよく知られている『遺誡出家修道』（弘仁遺誡・弘仁四年仲夏晦日）が諸弟子のために説かれている。その真偽は措《お》くとして、当時、空海の周辺には、このような遺誡の存在が求められ、あるいは許容する雰囲気にあったことは確かであったろう。

空海は病んでおられたのである。空海は、しかし生涯自らの病を公にはされることはなかった。

唐より帰朝されて略々十年の歳月を数え、病を得て、この年を境に、空海自身も変わられた。それが、その後の執筆態度に見ることが出来ると思う。即ち、雑部密教と呼ばれる作タントラ（Kriyā-tantra）を地平に置き、大悲胎蔵法《だいひたいぞうほう》の『大日経』（行タントラ、Caryā-tantra）をその骨格とし、瑜伽タントラに属する『金剛頂経』（Yoga-tantra）などの諸経軌を内実とする日本密教の様相が垣間見られるのである。

帰国以来、新しい仏教としての密教の喧伝、あるいは灌頂などの教化に時間を取られ、改めて真言密教の法幢を建て、これを広く世間に問われることはなかった。

平安三筆としての嵯峨天皇との交誼は、空海の行動の大きな援けとなった。

身体の不全、残された余命を考えられての事であろう。この年以来、空海の主要な論書の執筆が順次開始された。残された記録の執筆の順に従って、記せば、
(1)『弁顕密二教論《べんけんみつにきょうろん》』二巻　弘仁六年（八一五）四十二歳
(2)『般若心経秘鍵《はんにゃしんぎょうひけん》』一巻　弘仁九年（八一八）四十六歳　あるいは承和元年（八三四）春再修

⑶『真言付法伝《しんごんふほうでん》』一巻　弘仁十二年（八二一）四十八歳

⑷『三昧耶戒序《さまやかいじょ》』一巻　年代不詳（『大日経住心品』所出の十住心名全てあり、十住心構想腹案はその頃すでに確立していたのであろう）

⑸『即心成仏義《そくしんじょうぶつぎ》』一巻　弘仁十四年（八二三）

⑹『真言宗所学経律論目録』一巻　弘仁十四年（八二三）

⑺『声字実相義《しょうじじつそうぎ》』一巻　天長元年（八二四）

⑻『吽字義《うんじぎ》』一巻（年代不詳、『即身成仏義』『声字実相義』の後は確か）

⑼『十住心論《じゅうじゅうしんろん》』十巻　天長七年（八三〇）

⑽『秘蔵宝鑰《ひぞうほうやく》』三巻　天長七年（八三〇）

空海の主たる論が、十五年の間に次々と精力的に発表された。今は、各論の成立次第に沿って検じ、空海の意図するところを考察したいと思う。

五、顕密対弁の諸相

1　密教興起

空海が、顕密二教各別を正式に世に問うた最初の論が『弁顕密二教論《べんけんみつにきょうろん》』である。密勝顕劣の思想は、日本では、空海入唐前には問題とされることはなかった。そこで、先ず、空海の『弁顕密二教論』を取り上げる前に、顕密対弁の諸相を概観しておきたい。

仏教に内在する密教的要素が、大乗仏教の発展に伴う外的な諸の条件と相俟って、タントラ化が進み、やがて、仏教内に、タントラ化された仏教、即ち、秘密仏教が形成された。

中国、日本における密教史の理解よりすれば、龍猛《りゅうみょう》（Nāgārjuna）、龍智《りゅうち》（Nāgabodhi）、金剛智《こんごうち》（Vajrabodhi, 671~741）、善無畏《ぜんむい》（Śubhākara siṃha, 637~735）、一行《いちぎょう》（六八三～七二七）、不空《ふくう》（Amoghavajra, 705~774）、恵果《けいか》（七四〇～八〇五）、空海《くうかい》（七七四～八三五）即ち、後に密教伝持の祖と称された学匠たちの時代に、インド、中国、日本に順次密教の隆盛を見ている。この点を、密教の記述に比較的詳しいTāranātha（ターラナータ。一六〇〇年頃）の

『印度仏教史』を開くと、密教伝持の祖師たちの頃、即ち、七、八世紀を中心にベンガル地方に栄えたパーラ王朝時代、その外護のもとに多くの密教者が輩出している。これは、中国に密教が栄えた時期と一致している。

更に、ターラナータの『仏教史』は、無著《むぢやく》（Asanga, 310~390）の頃から法称《ほっしょう》（Dharmakīrti, 634~673）の頃までタントラが秘かに行なわれ、真言の得成就者もいたが、一般に流布されることはなかった、法称以後、無上瑜伽タントラ（Anuttarayoga-tantra）が流布し、暫くは瑜伽タントラが行なわれたが、作タントラと行タントラは次第に滅びて仕舞った、と述べ、密教の本格的な流布は、法称以降のことであるとするのである。

密教が現存の漢訳資料に具体的な記述を示すのは、義浄三蔵《ぎじょうさんぞう》（六三五~七一三）の『大《だい》唐西域求法高僧伝《とうさいいきぐほうこうそうでん》』下巻（大正№二〇六六）においてである。

道琳法師を述べる段に、毘睇陀羅尼必得家（vidyādhara piṭaka）即ち、持明咒蔵の存することを記しているが、この咒蔵は東夏未流と述べている。そして「浄於那爛陀　亦屢入壇場希心此要　而為功不並就」（大正五一・六下）と義浄三蔵自ら密壇に登ったことを誌している。

入竺した義浄三蔵が那爛陀寺《なーらんだじ》に学んだ頃には、すでに密教が行なわれていた。また、その頃、金剛智三蔵が十歳で那爛陀寺に出家している。

義浄三蔵は、後に善無畏三蔵が訳出した『大日経』梵本を中国に送り、自らはインドに客死した無行禅師と共にベーサーリー（Vesālī 毘舎離）など仏跡を巡拝している。この点からも、義浄三蔵入竺時（六七一〜六九五）には、行タントラに属する『大日経』が既に成立していたことが判る。

義浄三蔵より僅かに早く入竺している玄奘三蔵（六二九〜六四五）の『大唐西域記《だいとうさいいきき》』には、密教に関する記述が全く見られないことから、玄奘三蔵と義浄三蔵入竺の間に、インドの密教興起があったとされる。

この点で、先に、法称以後にタントラが流布したとする記述に一致している。即ち、インドに密教が流布し、衆目を集めるようになったのは、七世紀中葉以後のことである。

2　密教東漸

インドの仏教界に台頭し、流布された密教化された仏教は、仏教の一部として、間もなく中国に伝来した。即ち、作タントラ（Kriyā-tantra）に属する『蘇《そ》婆《ば》呼《こ》童子経《どうじきょう》』は善無畏により、『蕤《す》呬《き》耶経《やきょう》』は不空三蔵によって訳出された。

行タントラ（Caryā-tantra）に属する『大毘盧遮那成仏神変加持経《だいびるしゃなじょうぶつじんぺんかじきょう》』は開元四年（七一六）長安に入った善無畏によって重ねて請来された。

瑜伽タントラに属する『金剛頂瑜伽中略出念誦法《こんごうちょうゆがちゅうりゃくしゅつねんじゅほう》』など金剛頂経系の経軌が、開元八年（七二〇）海路長安に入った金剛智三蔵によって請来された。しかし、瑜伽タントラの中軸をなす、一般には『金剛頂経』として知られる『金剛頂一切如来真《こんごうちょういっさいにょらいしん》実摂大乗現証大教王経《じっしょうだいじょうげんしょうだいきょうおうきょう》』（三巻）の訳出は、天宝十二年（七五三）の不空三蔵の訳出を待たねばならなかった。

『三巻教王経』は完訳本ではなく、『初会金剛頂経』三十巻（『Sarvatathāgata-tattva saṃgraha nāma mahāyāna sūtram』）の「金剛界大曼荼羅」の訳出で、完訳は、宋代の施護《せご》（九八〇頃）に依る訳出である。

善無畏三蔵によって請来され、あるいは訳出（無行請来本）された、行タントラの『大日経』

は、大悲胎蔵法として、又、金剛智三蔵による瑜伽タントラに属する『略出念誦法《りゃくしゅつねんじゅほう》』や不空三蔵による『三巻教王経』は金剛界法として、中国密教の枢要に位置した。特に、『大日経』と『三巻教王経』は、理平等《りびょうどう》の胎蔵法と智差別《ちしゃべつ》の金剛界法門を明かし、両者は各別でなく、金《こん》・胎不二《たいふに》の思想の土壌が醸成され、恵果和上を経て、空海により新たな両部不二の密教の基本的な思想体系の基本が確立された。

大乗仏教の中に密教が別立され、独自の展開を見た。自らの立場を密教とし、従来の大乗に至る仏教を顕教と称し、区別し、あるいは、大乗仏教を波羅蜜乗《はらみつじょう》、密教を秘密真言乗とした。それらの密教経軌はタントラと称され、その内容や性格に従って作タントラ（Kriyā-tantra）、行タントラ（Caryā-tantra）、瑜伽タントラ（Yoga-tantra）、大瑜伽タントラ（Mahāyoga-tantra）、無上瑜伽タントラ（Anuttarayoga-tantra）など幾つかの部に分けられた。

3　顕密対弁

密教の成立に伴い、その優位性を示すため従来の仏教に対して判釈を加えた。

八世紀の中葉、Buddhaguhya は、『大日経』の註釈書『毘盧遮那現等覚大怛特羅註釈』(Rnam-par snaṅ mdsad mṅon-par-byaṅ-chub paḥi rgyud-chen-poḥi ḥgrel-bśad, 東北No. 2663.『広釈』として知られる)に、教化すべき衆生に「波羅蜜門より入るもの」と「真言門より入るもの」の二があり、前者に対しては、経、律、論、大乗経典『華厳経』、心陀羅尼、『十地経』等が説かれ、後者に対しては、『蘇悉地経《そしつじきょう》』、持明蔵等の怛特羅(外行を主とするもの)、『金剛頂経』(内の瑜伽を主とする)が説かれるとする。それぞれ相応の経軌を記すのみで、判釈はしていないが、密教の優位性を主張していることは明白である。

Jñānaśrī(カシミールの人、Vikramaśilā の中央第二柱『Blue Annals』)は、『金剛乗二辺遮遣』(Rdo-rje theg-paḥi mthaḥ gñis sel-ba shes-bya-ba, 東北No. 3714)に、秘密真言乗が、波羅蜜中道より如何に殊妙であるかを説いて、次の十一相を挙げている。

(1) 無上所縁における所縁の方便。

波羅蜜乗は、『十万頌般若』『大乗密厳経』などを所縁とするが、秘密乗は、『Śrī Hevajra』十万、『Kṛṣṇayamāri』二万五千等を所縁とする。

⑵　無上悉地。波羅蜜乗は自建立を得て隠蔽を得るが、秘密乗は三摩地を得て出来る。

⑶　無上智。〔密教は〕殊勝三摩地に依止し、因、自性、業などよりも智因は速疾である。

⑷　無上精進。三昧耶力により大精進をなす。

⑸　一切の所化を摂持する功力。無間業などの相違により他の乗から見放されても、これを成就する。

⑹　染汚加持。供狼の自性と楽に依止する円満次第による。

⑺　速疾加持。善巧方便に依止して如来が灌頂し加持する。

⑻　速疾出現。三劫成仏に対し、現世と七生と十六生に成仏する。

⑼　染汚の捨棄。本尊の顕色、形色の三昧耶を殊妙の処として、煩悩を捨す。

⑽　無上意楽。身口意に相応して、それぞれの功徳を出す。

①　身相応により四功徳を生ず。

イ、習気《じっけ》を退行する。（最後の分別を遠離し仏身に住し、無始の身・名・種姓等の分別を遠離する）

ロ、異熟業を速やかに退行する。（本尊身は止観双運なので三摩地を得たなら故業を速やかに退行する）

ハ、大福徳聚を生起する。（仏随念と仏を信解すること諸の資具を以て供養するので大福徳聚を現ず）

ニ、無我に入る。（本尊身修習は無我の義による）

②（①のロ）相応に十二功徳がある。

イ、仏の教令を現ず。

ロ、法随念。

ハ、法を知って信解する。

ニ、真実語成就。

ホ、智を具足し、方便と智と念を得る。

ヘ、一頂三昧を得て聖者を供養する。

ト、有情を饒《にょうやく》益する。

チ、本尊に親近《しんごん》する。

リ、速疾に成就する。
ヌ、一切法の文字化現を自在にする。
ル、一切法の音声に等しい智を生起する。
ヲ、法無我に入る。

③ 意に相応する功徳。一切時処において一切法如幻と見て煩悩を捨し、善に対する慢心を捨して一切の円満を得る。

⑾ 無上現行。三不随順行を捨す。

以上のように十一相を述べる。方便に善巧《ぜんぎょう》の故に、方便乗《ほうべんじょう》と呼ばれる。その方便を、速疾方便、易方便、多方便、善巧方便に分かつ。これらの内実によって、秘密真言乗は波羅蜜乗よりも優れている、と説かれるのである。

これらの十一相は、後述のプトン（Bu-ston, 1290~1364）の『総タントラ部解説〝タントラ部なる宝の妙荘厳〟という書』（東北 No. 5169）に引かれ詳説されている。

Jñānākara（カシミールの人 Nāropa の弟子。『The Blue Annals』）の『秘密真言入』（東北 No. 3718）には、声聞乗、縁覚乗、波羅蜜乗に依るものは、三阿僧祇劫を経て成仏するが、秘密真言道に依るものは、力弱き人士であっても速疾に到ることが出来る、と成仏の遅速について論じ、機根の薄いものであっても、秘密真言乗によれば、容易に成就を得ることが出来ると述べている。

Tripiṭakamāla の『三理趣灯』（東北 No. 3707）は多くの経論を引用して大乗を論じ、外道や声聞乗の理趣と大乗を区別する。例えば、小乗の人が、願、入、甚深、広大、不退果を得ても、大乗の教えは、それらより優れ特に聖であると説く。この一段は、後に Atīśa（一〇四〇年頃入蔵）の『菩提道灯細註』（北京 No. 5344）や、Bu-ston の『総タントラ部解説 〝タントラ部なる宝の妙厳飾〟という書』（東北 No. 5169）などに引かれ、波羅蜜乗より秘密真言乗が特に優れていることを主張する。

Śraddhākaravarman（958~1055）〔『チベット・インド学集成』第一巻所収「カーダム派史」羽田野伯猷〕は、『無上瑜伽怛特羅義入』に、世間乗よりも出世間乗が優れている。出世間乗とは声聞乗と縁覚乗、菩薩乗の三である。その中、菩薩乗は更に地波羅蜜乗と秘密真言果乗の二に分けられる。秘密真言果乗は『金剛頂経』に説かれる。利根の者に説かれるので地波羅蜜よりも特に聖である。それは、真実の不顚倒の義を速やかに成就する故である。

世間乗よりも出世間乗が優れ、出世間乗の中でも、小乗より大乗、大乗よりも秘密真言乗がすぐれて聖であると、浅深の次第を遂って判釈するのである。

Subhāgavajra（Skal-pa bzaṅ-po rdorje）の『Theg-pa Chen-poḥi lam-gyi-rim-pa』（『大乗道次第』東北 No. 3717）は、大乗を波羅蜜道と秘密真言道に分け、大乗真言は、殊勝なる故に波羅蜜道より優れている。秘密真言道は、多方便、無難、最勝、利根、一義において愚昧ならず。この故に、真言の論は、特に聖であると説く。この中の四種差別の文は、『三理趣灯』に説かれるところである。これを以て、波羅蜜道と秘密真言道を対弁するのである。

Atiśa（Dīpaṅkarasrijñāna, 982~1054）の自註『菩提道灯難語釈』（東北 No. 4415）は、三帰、発菩提心、戒・定・慧、秘密真言乗を説き、その中、秘密真言乗を説く段に『三理趣灯』に依って、声聞乗より菩薩乗は特に聖である、と説き、Tripiṭakamāla の言として、「義に於て蒙ならず、多方便、無難、利根の威力から真言の論点は特に聖である」と述べている。

Atīśaは『一切三摩耶集』（東北No. 3725）に龍樹をはじめ九人の阿闍梨の名を列ね、秘密真言乗の殊なる旨を述べている。

1、「大乗の中の大乗なるこれ（秘密真言乗）は諸の劣乗より特に聖なるものである」と先ず秘密真言乗の優位性を認め、

2、Indrabodhi阿闍梨は①師の殊勝、②器の殊勝、③儀軌の殊勝、④羯磨の殊勝、⑤三昧耶の殊勝、⑥観の殊勝、⑦行の殊勝の七によって（秘密真言乗は）特に聖であると述べる。

3、Jñānapāda阿闍梨は「真言乗は、（次の）三種によって殊勝である」。即ち、①成就者と②道と③果の三である。

4、Tripiṭakamāla阿闍梨は、義において蒙ならず、難なく、多方便、利根の威力によりて真言乗は特に殊勝である。

5、Dombiheruka阿闍梨は、器の殊勝、器において行ずる法、宗義、道、果の殊勝により真言乗は最勝である。

6、Vajraghānta阿闍梨は、秘密真言乗は、大乗の更に大なるものであり、依拠す

る人、趣入する道、究竟の果、現前の殊勝である。

と説き、最後に、

私（Atīśa）の師 Samayavajra は、「（秘密真言乗は）波羅蜜乗を超過するものであり、阿闍梨と灌頂と三摩耶と教誡と精進によって最勝である」と説き、Atīśa は、先学の六師の言を引いて、秘密真言乗が従来の大乗波羅蜜乗に勝れていることを示している。

最後に、小乗の別解脱律儀と菩薩の戒律儀（三聚浄戒）と秘密真言の律儀（三昧耶戒）の特性を比較し、後者の優位性を述べている。二、三例を示せば、

別解脱律儀は善悪業を主として説く。
経部の律儀は悲心を主として説く。
秘密真言の律儀は身口意の不壊を説く。
別解脱律儀は解脱の堅固心より生ず。
菩薩の律儀は真浄心より生ず。
秘密真言の律儀は菩提により生ず。

Atīśa は、上述のような文を十三回に渉って説き、小乗、大乗、秘密真言乗の律儀、即ち、

別解脱律儀、三聚浄戒、三昧耶戒の比較を通して、様々に顕密を対弁している。

Bu-ston は、『総タントラ部解説〝タントラ部なる宝の妙厳飾〟』(東北 No. 5169) に、先ず、波羅蜜蔵より真言蔵は特なる理趣であると説き、その説明に『三理趣灯』(Tripiṭakamāla 著、東北 No. 3707) の説を引き解を加え、次いで、『金剛乗二辺遮遣』(Jñānaśrī, 東北 No. 3714) の殆ど全文を引用し、十一相により秘密真言は特に聖であると説く。特に四種方便の中の速疾方便について詳説し、秘密真言の速疾成仏を強調するのである。

次いで、Śāntipa (唯識学派、Canaka 王に招かる。九五〇年頃) の次の言を引く。

本尊を修習する広大所縁。三世諸仏の依止する諸の三昧耶を憶持して殊勝加持をなす広大助伴。仏菩提に赴く義を行じ、清浄国を加持する広大加持の三は、中観、唯識、声聞・縁覚にはなく、三劫あるいは四劫に成仏する。それらを有つ真言は少時に成仏するので、大中の大といわれる。

最後に Atiśa の『一切三摩耶集』の言を引いて、秘密真言乗の勝れて聖なることを説くのである。

Bu-ston は更に『瑜伽怛特羅の海に入る船』(東北 No. 5104) に次の章を立てる。

一、真言乗が特に聖なる理趣
二、特に聖なるタントラ部の区別
三、そのタントラ部は如何に説かれるかの理趣
四、そのタントラを所化の人に如何に顕示するかの理趣

第一章の冒頭にŚāntipaの言（前掲）を引き、声聞乗、縁覚乗、唯識、中観等は、成仏に長時を要し、真言乗は、速疾成仏で特に勝れていると述べる。次いで、波羅蜜乗、作、行、瑜伽タントラを挙げ、瑜伽タントラを説く段に、

一、最勝菩提に発心する理趣
二、中間に（福徳聚）を積集する理趣
三、最後に円成仏する理趣
四、仏から法輪を転ずる理趣
五、転ぜる教法を集する理趣
六、集せる教法を安立する理趣

の六節を樹《た》て、この節立てに従って瑜伽タントラの内容を説き、併せて瑜伽タントラの

殊勝なることを説く。しかし、他乗との対弁は見られない。

最後に、中国、日本密教の付法および伝持の祖に列する諸師の言を検じて見る。

まず、龍猛菩薩（Nāgārjuna）の顕密対弁の弁を『発菩提心論《ほつぼだいしんろん》』に見てみよう。

惟《ただ》真言法の中にのみ即身成仏するが故に是れ三摩地の法を説く。諸教の中においては闕《けつ》して書せず。

この一文は、空海の『即身成仏義』『弁顕密二教論』などに引かれている。『即身成仏義』に「是れ三摩地とは、法身自証の三摩地なり。諸教は他受用身《たじゆゆうしん》所説の顕教なり」と説き、密教のみ即身成仏し、法身自内証の三摩地法を説く、と言い、顕教は応化仏の説である、とする。『発菩提心論』の末尾にその結論として、次の頌を述べている。

若人求仏慧　通達菩提心　父母所生身　速証大覚位

と。通達菩提心は『発菩提心論』に説かれる五相成身観である。これによって父母《ぶも》所生《しよしよう》の身に成仏すると説く。声聞乗、縁覚乗、菩薩乗は、成仏に多劫を期し、密教のみ速疾に覚位を得ると説かれる。これは、より高次の立場で、釈尊の悟境に回帰していると解されるのである。
不空三蔵は、
毘盧遮那包括万界。密印真言呑納衆経。准其教宜有頓有漸。漸謂声聞小乗登壇学処。頓謂菩薩大士灌頂法門。是詣極之夷途。為入仏之正位（『表制集』〈六巻〉大正五二・八三〇上）
と述べ、また、「其所訳金剛頂瑜伽法門是成仏速疾之路。其修行者必能頓超凡境達于彼岸」（同八四〇上）と述べて、密教は頓教であり速疾成仏の経路であると説かれる。金剛頂経を主題とする不空三蔵は、金剛頂瑜伽法門がそれに相当されると説くのである。
不空三蔵の付法の弟子であり空海の師である恵果和上は、「金剛界大悲胎蔵両部大教者。諸仏秘蔵即身成仏之路也」（『付法伝』弘全一・四四、『略付法伝』弘全一・六二）と密教は、即身成仏の路と説くが、ここにいう密教は、金剛界と大悲胎蔵法の両部であると説かれている。金剛頂経を主とする不空三蔵とは異なった見解を示している。しかし、不空三蔵にも恵果和上にも明確な顕密対弁の様相は見られない。

六、空海執筆に入る

1 『弁顕密二教論』

空海は、帰国後、席の暖まる間もなく、請来した諸の経、論、軌則類、曼荼羅、肖像画、密具等を整理し『御請来目録』として、大同元年（八〇六）、闕期《けつご》の罪の謝罪と同時に得難きを得た歓びをもって、朝廷に上呈された。

『御請来目録』に『二教論』に先立って、

法海一味なれども機に随って浅深あり。五乗鑣《くつばみ》を分って器に逐《お》って頓漸《とんぜん》あり、頓教の中に顕あり密あり（弘全一・八三）

と述べ、更に、

夫れ顕教は則ち三大の遠劫《おんごう》を談じ、密蔵は十六之大の生を期す。遅速勝劣なお神通と破驢《はろ》の如し（弘全一・八三）

と述べ、その出所を『金剛薩埵五秘密儀軌』（大正№一一二五）などに求めており、空海は、帰朝時すでに顕密各別を胸中に収めていたと思われる。

しかし本論の成立に関しては、正確を期せない（栂尾祥雲は弘仁四、五年〈八一三、八一四〉。『現代語の十巻章と解説』四九五頁。勝又俊教『弘法大師著作全集』第一巻、弘仁六年〈八一五〉以後）。

(1)『弁顕密二教論』の典拠
―六経―

① 『金剛頂瑜伽金剛薩埵五秘密修行念誦儀軌』一巻　不空訳（大正二〇・五三五）
② 『金剛峰楼閣一切瑜伽瑜祇経』二巻　金剛智訳（大正一八・二五三）
③ 『略述金剛頂瑜伽分別聖位修証法門』一巻　不空訳（大正一八・二八七）
④ 『大毘盧遮那成仏神変加持経』七巻　善無畏・一行訳（大正一八・一）
Śīlendrabodhi・Dpal-brtsegs 西蔵訳（東北 No. 494）
⑤ 『入楞伽経』十巻　菩提留支訳（大正一六・五一四）　漢文蔵訳（東北 No. 107）
⑥ 『Sarvatathāgata tattvasaṃgraha nāma mahāyāna sūtraṃ』(Snellgrove 本、Cambridge 本)
『金剛頂一切如来真実摂大乗現証大教王経』（施護訳三十巻〈大正一八・三四一〉、不空

訳三巻〈大正一八・二〇七〉、蔵訳〈東北No. 479〉）

以上の六経の他に『六波羅蜜経』『守護経』などの文が引かれている。

――三論――

①『金剛頂瑜伽中発阿耨多羅三藐三菩提心論』一巻　不空訳（大正三二・五七三）

②『大智度論』百巻　龍樹菩薩造、鳩摩羅什訳（大正二五・五七）

③『釈摩訶衍論』十巻　龍樹菩薩造、筏提摩多訳（大正三二・五九一）

を用いている。経証として『大日経』『金剛頂経』の両部大経を以て論を固めて、顕密の相違を明かしている。

本論は、冒頭より無駄のない論述で力強い論を展開される。本論の構成は、先述の六経三論を軸に展開される。即ち、

第一章　序説

大意序

造論の趣意
第二章　本論
第一節　問答決疑
第二節　引証喩釈
一　『釈摩訶衍論』（五重問答）
二　『華厳五教章』
三　『摩訶止観』
四　『入楞伽経』
五　『大乗法苑義林章』
六　『大智度論』
七　『菩提心論』
（巻下）
八　『六波羅蜜経』
九　『五秘密経』
十　『分別聖位経』

第三節　弘証註解

一　『金剛頂一切瑜祇経』

二　『大日経』

三　『守護国界主陀羅尼経』

四　『大智度論』

第四節　顕密分斉

以上のような論の展開を以て顕密二教の各別を説いている。

釈尊の教説は、種々に説を高下、難易に分かち、互いにその正否を問い、教相判釈が行なわれた。教判の先駆として、天台大師智顗《ちぎ》（五三九〜五九七）の法華経と他の経を対立的に論じた三種教相、五時（華厳、鹿苑、方等、般若、法華涅槃）、八教（化儀の四教＝頓・漸・秘密・不定。化法の四教＝蔵・通・別・円）を以て判釈する。

玄奘三蔵の弟子で、法相の始祖とされる慈恩大師窺基《きき》（六三二〜六八二）は、三教、八宗を建て判釈した。

三教とは、有教（諸阿含）・空教（三論・般若）、中道教（華厳・深密・法華）の三である。
八宗とは、
我法倶有宗（犢子部）
有法無我宗（薩婆多却部）
法無去来宗（大衆部）
現通仮実宗（説仮部・経部・成実論）
俗妄真実宗（説出世部等）
諸法但名宗（一説部等）
勝義皆空宗（般若・中論）
応理円実宗（法華及び無著の論の中道教）
である。これらをもって諸経論を判釈し、法華至上を主張したのである。
賢首《げんじゅ》大師法蔵（六四三～七一二、華厳教学の大成者）は、天台などの例に倣って、仏教を五教十宗に分かって華厳教の最も優れていることを主張した。
五教（小乗教、大乗始教、大乗終教、頓教、円教）

十宗（窺基所立の八宗の中、前六宗に一切皆空、真徳不空、相想倶絶、円明倶徳の四宗を加えたもの）を以て判釈をしている。

空海は、これら先学の論に模《のっと》って教判の論『弁顕密二教論』を公《おおやけ》にし、自らの立場を明らかにしているのである。

『二教論』の冒頭に、

夫《そ》れ仏に三身（法・報・応）あり、教はすなわち二種なり。応化の開説を名づけ、顕教という。ことば顕略にして機に逗《かな》えり。法仏の談話《だんかい》これを密蔵という。ことば秘奥にして実説なり。

と。応化仏の開説を顕教といい、法仏の談話を密蔵という、と述べ、上述の法で論を転じ、顕と密を論じ、最後に至って、ここにいう秘密を如来秘密、衆生秘密と分かつのである。

如来秘密は、衆生の器を見て、それに相応しい説を説き、器に余る所は説かない。胸中に蔵《かく》して衆生には示さないのである。これに対して、衆生秘密は、如来は秘密にする所がなく、一切を白日の下《もと》に示しているが、機根の及ばぬ衆生は、それを自ら秘密にしているのである。如来には、秘密にする所が全くないのである。

衆生秘密、如来秘密と一応分けられるが、全ては、衆生秘密に集約することが出来る。『般若心経秘鍵』序に、明曠《みようこう》（〜七七〇〜）の『疏』を引きながら説かれる。

夫れ仏法は遥かに非ず、心中にしてすなわち近し、真如外にあらず、身を棄てていずくんか求めん。迷悟われに在れば、発心すればすなわち到る。明暗他にあらざれば信修すればたちまち証す。

とある。

2　『般若心経秘鍵』

今日、仏教において最も人口に膾炙されている経典として『般若心経』が先ず挙げられるだろう。初期大乗仏教を代表する『大般若経』六百巻（玄奘訳）を僅か二百六十余文字に収めたといわれる『般若心経』は大乗仏教の基本におかれる経典である。

『般若波羅蜜多心経』の成立時代は区々としているが、経は梵、蔵、漢三本具備である。

〈梵本〉

法隆寺貝葉本（『大日本仏教全書』斑鳩便覧）　世界最古の梵文写本として知られている。G. Bühlerらの説によれば、梵本の書体は、八世紀初頭の頃といわれる。この梵本の写本には浄厳寺本、慈雲《じうん》尊者本、『阿叉羅帖《あしやらじよう》』などがある。

『澄仁寺本』　最澄と円仁がそれぞれ唐から請来した梵本を校訂して一本にした本。

中国伝来本　敦煌本―梵音を漢に写したもの。大英博物館所蔵（大正八・八五一）、『梵本般若波羅蜜多心経』。

空海の弟子、入唐八家の一人である安祥寺慧運《あんしようじえうん》（七九八〜八六九）請来のもの。『慧運律師書目』（大正№二一六八）に『梵本般若波羅蜜多心経』一巻。醴泉寺《れいせんじ》般若三蔵梵本。般若三蔵が用いた梵本であることが判る。

ネパール伝来の『般若心経』は一九一五年、河口慧海（一八六六〜一九四五）により請来され、東京大学図書館に蔵されている。

以上は梵本のうち、法隆寺貝葉本、浄厳本、慧運本は、一八八四年Max Müllerと南條文雄により修正され、『アリアンシリーズ』第一巻第三に『The Ancient Palmleaves Containing『The Prajñāpāramitā hṛdaya sūtra』and『The Ushnisha Vijaya Dhāraṇī』として出版された。

西蔵訳本『Ḥphags-pa śes-rab kyi pha-rol-tu phyin-pa』（『聖帝釈般若波羅蜜多心経』東北No. 19-554)、『仏説帝釈般若波羅蜜多心経』宋、施護訳（大正№二四九）に同。

『Bchom-ldan ḥdas-ma śes-rab kyi pha-rol tu byin-paḥi sñiṅ-po』（『薄伽梵母般若波羅蜜多の心』東北No. 21-531)。

梵に『Bhagavatī-prajñāpāramitā hṛdaya』tr. Rin-chen sde nam-mkhaḥ などをはじめ幾つかの『般若心経』がある。

〈漢訳〉

『摩訶般若波羅蜜咒経』呉支謙訳　二二三年　㊍

『摩訶般若波羅蜜大明咒経』姚秦羅什訳　四〇二年（大正№二五〇）

『般若波羅蜜多心経』唐玄奘訳　六四九年（大正№二五一）

『般若波羅蜜多那経』唐菩提流志訳　六九三年　㊍

『摩訶般若随心経』唐実叉難陀訳　七〇〇年

『仏説能断金剛般若波羅蜜多経』唐義浄訳　七〇〇年（大正No.二三九）
『普遍智蔵般若波羅蜜多心経』唐法月訳　七三二年（大正No.二五二）
『般若波羅蜜多心経』唐般若訳　七九〇年（大正No.二五三）
『般若波羅蜜多心経』唐智慧輪訳　八五〇年（大正No.二五四）
『般若波羅蜜多心経』（燉煌本）唐法成訳　八五〇年（大正No.二五五）
『仏説聖仏母般若波羅蜜多経』宋施護訳　八五六年（大正No.二五七）

空海は何故、『大般若経』を訳出している玄奘訳に依らず羅什訳に依ったのであろうか。『般若心経秘鍵』の中には、玄奘や義浄の名を出している。

『般若心経』の原型は、羅什訳の『摩訶般若波羅蜜経』二十七巻（大正No.二二三）の「習応品第三」を、それに相応する玄奘訳『大般若波羅蜜多経』六百巻の第二会第二分観照品第三の二（第四〇三巻）にあることは既に指摘されている。また、玄奘訳は、羅什訳『大般若経』に一致しており、このようなことから羅什訳が選ばれたものであろう。

次に、『秘鍵』の撰述年代であるが、『秘鍵』の巻末に、「時に弘仁九年の春、天下大疫す」とあり、撰述年代は明らかであるが、しかし、当時果たして大疫があったか。〝ない〟

というのが定説であり、弘仁九年（八一八）説は否定された。

これに加えて『弘法大師行化記《ぎょうけき》』に、

承和元年甲寅　仁明天皇嵯峨子

今年仲春之月。作般若心経秘鍵。於東大寺真言院。以道昌大法師開演云々御筆書奥文也

とあり、『秘鍵』の撰述は承和元年（八三四）仲春ということになる。空海入定の一年前である。

後世、真言宗の学匠、道範《どうはん》（一一七九～一二五二『秘鍵拾遺』）や頼瑜《らいゆ》（一二二八～一三〇四『秘鍵開蔵鈔』三巻）も、弘仁九年説、承和元年説を知って、弘仁九年草本、承和元年再治と会《え》通《つう》しているのである。

空海の執筆活動から見て、承和元年説が妥当と思われる。

『秘鍵』は、以下の次第で説かれる。

一、序論

帰敬序
発起序
大綱序
大意序

二、本論
経題釈
説処翻訳の不同
心経の顕密
入文判釈

三、総説
㈠　人法総通分―観自在菩薩～度一切苦厄―
1、因―観自在（能行の人）
2、行―所観の法（深般若）
3、証―照空即能証智

4、入―照空即能証智。度苦は即ち所得果。果即入。
5、時智差別に依って時多し、三生、三劫、六十劫、百妄執の差別、これを時という。

㈡　分別諸乗分
1、建、建立如来三摩地門
2、絶、無戯論如来三摩地門
3、相、摩訶梅多羅冒地薩埵怛縛三摩地門（Mahā maitreya bodhisattva samādhi）
4、二、唯蘊無我抜業因種、即ち二乗三摩地門
5、一、阿哩縛路枳帝冒地薩怛縛之三摩地門（Ārya avalokite bodhisattva samādhi）

㈢　行人得益分
1、七あり（前六後一）華厳、三論、法相、声聞、縁覚、天台、真言

㈣　総帰持明分
1、名―四種の明咒（声聞、縁覚、大乗、秘蔵真言）
2、体―真実不虚
3、用―能除諸苦

(五)　秘蔵真言分

1、𑖐𑖝𑖸（gate）声聞の行果

2、𑖐𑖝𑖸（縁覚の行果）

3、𑖢𑖯𑖨𑖐𑖝𑖸（pāragate）声聞行

4、𑖢𑖯𑖨𑖐𑖝𑖸（真言曼荼羅具足輪円行果）

5、𑖤𑖺𑖠𑖰𑖭𑖿𑖪𑖯𑖮𑖯（bo dhi svāhā）

6、流通分

本経は、以上のように羅什訳の『般若心経』を五段に分け、従来にはない密教眼を以て細説している。

『秘鍵』を理解する上で『弁顕密二教論』『即身成仏義』『声字実相義』『吽字義』などの思惟法が理解を助け、より確かなものにするであろう。こうした点を勘案すれば『秘鍵』の成立は、『二教論』『即身成仏義』『声字実相義』『吽字義』の後と見た方が良いと思われる。

註釈書

空海以前の『般若心経』に対する主な註釈書。

中国成立（唐代）

慧浄（五七八～六四五）『般若波羅密多心経疏』

卍続蔵一－四一－三　羅什訳を釈したもの。

靖邁《せいまい》（～六六〇～）『般若波羅蜜多心経疏』一巻

卍続蔵一－四三－三　玄奘の門下。法相宗の立場から。

慈恩大師窺基《きき》（六三二～六八二）『般若波羅蜜多心経幽賛』二巻（大正三三、No.一七一〇）

玄奘門下。法相宗の立場から。

円測《えんじき》（六一三～六九六）『仏説般若波羅蜜多心経賛』一巻（大正三三、No.一七一一）

玄奘門下。異端視される。唯識法相の立場から。

香象大師法蔵（六四三～七一二）華厳宗の大成者。

『般若波羅蜜多心経略疏』一巻（大正三三、No.一七一二）

華厳宗の立場からの疏釈。後に、大いに研究された。

明曠（〜七七〇〜）天台の学匠『般若波羅蜜多心経疏』
卍蔵経一-一四-四　この疏の中の「夫れ仏法は遥かに非ず心中にして即ち近し
……何れの時にか大日の光を見ん」の文は『秘鍵』の冒頭におかれている。

本邦成立

奈良時代

『般若心経述義』（大正五八、№二二〇二）
智光（七〇九〜七七〇）、三論宗の学者。

平安時代

『摩訶般若心経』一巻、最澄（七六七〜八二二）
『伝教大師全集』
（後人の作とされ真偽未詳）
『般若心経秘鍵』一巻、空海（七七四〜八三五）
などがある。

3 『真言付法伝』

『付法伝』に広略の二種がある。『広付法伝』と『略付法伝』である。『広付法伝』の具名は『秘密曼荼羅教付法伝』、『略付法伝』は『真言付法伝』という。まず、『広付法伝』は分かって三と為す。

一、因起感通分
①叙意
②付法の阿闍梨名
③問答決疑

① 叙意では、顕密の相違を説く。即ち、顕教は随他意《ずいたい》の法、密教は法仏の一実の法であり、教主大日如来より相承《そうじょう》せる法を伝える阿闍梨の付法を述べる。

② 付法の阿闍梨

付法の七祖として次の七名を挙げ、その徳を述べる。

〈1〉摩訶毘盧遮那如来（Mahā Vairocana tathāgata）

〈2〉金剛薩埵（Vajra sattva）

〈3〉龍猛菩薩（Nāgārjuna, 150~250）南インドの人

〈4〉龍智菩薩（Nāgabodhi, 671~741）南インドの人

〈5〉金剛智菩薩（Vajrabodhi, 671~741）南インドの人

〈6〉不空金剛（Amogha Vajra, 705~774）北インド、あるいは中央アジア出身

〈7〉恵果和上

以上が、空海によって整理された真言宗の付法の七祖である。今日では、これに空海を第八祖に加え、付法の八祖として知られている。

付法八祖に対し、伝持八祖がいわれる。超歴史的な教主毘盧遮那如来と金剛薩埵を除き胎蔵法（『大日経』の訳・疏を造した）伝持者に善無畏三蔵と一行阿闍梨を加え、伝持の八祖とする。

成仏に関して視るに、この『広付法伝』に依れば、不空三蔵と恵果の間に大きな相違

を見るのである。即ち、不空三蔵は、

　金剛頂瑜伽《こんごうちょうゆが》法門は、これ成仏速疾の路《みち》なり

と説き、恵果阿闍梨の段に、

　金剛界大悲胎蔵両部の大経は、諸仏の秘蔵、即身成仏の路なり

と、金胎両部等しく即身成仏を主張すると説き、両部大経が等しく成仏の径路であると説くのである。

4 『三昧耶戒序』

(1) 三昧耶

本書は、後述の空海撰『秘密三昧耶仏戒儀』の序説に相当されると思われる。

先ず、三昧耶（Skt. Samaya. Tib. dam-tshig）は、三昧耶智、三昧耶印、三昧耶真言、三昧耶曼荼羅、三昧耶戒、三昧耶灌頂など、智印、真言、曼荼羅などと結びつきは様々である。このようにいわれる三昧耶は、仏の内証界を意味し、それが、真言、印、曼荼羅などに

表象されて衆生界に示されるのである。

三昧耶は、真言密教においては、最秘要の心位におかれる。『大日経』には「身命に代えても守護すべきである」と説かれ、『金剛頂経』には「三昧耶は同学の者にも語るべきではなく、三昧耶を得ていない者に語るようなことがあれば地獄に堕す」と厳しく誡めている。

三昧耶(samaya)には適切な訳語がなく、音写語が多く用いられている。善無畏三蔵は『大日経疏』(大正三九・六七五上)で、信心・本誓《ほんぜい》・除障・驚覚《きょうがく》の四義に解している。これが、真言宗における基本的な理解とされ、空海も大方それに随って解している。同じ箇処をBuddhaguhyaは「三昧耶戒(dam-tshig)とは、「遍行」(kun tu hgro ba)あるいは通達(rtogs-pa)である」と『大日経広釈』に釈している。また彼は『怛特羅義入《たんとらぎにゅう》』(Tantra-arthāvatāra, 東北No. 2501)において、三昧耶に、

諸の大自性の心秘密が、三昧耶という語でいわれ、そのタントラの釈では、完全な理解のため、あるいは通達のため、亦た、違越《いおつ》すべきでない故に三昧耶といわれる

と述べている。

これを釈して Padmavajra は『怛特羅義入註釈』に「大自性」は「諸如来」、「心秘密」は「功徳円満を具し、能執・所執を遠離せる智」であると釈している。これを再び『広釈』に見ると、

能執・所執の自性を離れるものが、清浄無相の自性を知る如実知自心であると釈されている。Buddhaguhya の釈に随えば、三昧耶は畢竟「如実知自心」に他ならぬと解されるのである。

これらの理解を底辺におき、一切衆生のそれらに対応する心位（住心）を『三昧耶戒序』は三重に説いている。

『大日経』は住心品の「順世の八心」「六十心」「百六十心」「六無畏」「十縁生句」などに依って説かれていることが判る。

⑵　十住心

『大日経』に依って、十の住心が簡単に説かれる。

①異生羝羊心

専ら十不善業を造り、三毒の楽に耽って後身の三途に堕するを知らない一向性悪の凡夫。

②愚童持斎心

五常・五戒を守る。

因果を信じて五常・五戒などを行ずと雖もなお人中の因にして生天の楽を得ない。

生天護戒の心を起こす。

③嬰童無畏心

外道生天の乗、四天王天か非想非非想処までの二十八天の楽を受ける。人中地獄などに堕して生死を出ない。

④唯蘊無我心

四念八背の観、十二因縁、十二頭陀、これ声聞の散薬、縁覚の除病。

⑤抜業因種心

無縁に悲を起こし、幻炎に識を観ず。

三生、六十劫。

⑥他縁大乗心

六度を行となし、四摂に事を作《な》す。

三祇に功を積み、四智に果を得る。羊鹿乗は三界を出ずと雖もなおこれ下劣なり。

他縁大乗・覚心不生の二種の法門は、身命を捨てて布施を行じ、妻子を他人に与え、三阿僧祇を経て六度万行を行ず。劫石高広にして尽くし難く、弱心退しやすくして進み難し。

⑦覚心不生心

無我を捨てて自在を得、不生を観じて心性を覚り、八不を揮ってもって八迷を断じ、五句を擲《なげう》ってもって五辺を払う。四種の言語は道断って無為なり。九種の心量は、足絶って寂静なり。（『釈摩訶衍論』大正三二・六〇五下）

⑧一道無為心

自心を妙蓮に観じ、境智を照潤に喩う。三諦倶《とも》に融し、六即位（天台宗に説く修行の段階）を表す。心垢を払って清浄に入り、境智を泯して如々を証す。

⑨極無自性心

法界を帝網《たいもう》に喩え、心仏を金水に観ず。六相十玄その教義を織り、五教（小乗・大乗始教・大乗終教・頓教・円教）四車（羊・鹿・牛・大白牛車）その浅深を簡う。

初発に正覚を成じ、三生に仏果を証す。法界を融して三世間の身を証し、帝網に等しくして一大法身を得ると雖もなおこれ成仏の因、初心の仏なり。五相成身、曼荼羅未だ具足せず。

⑩秘密荘厳心

以上、衆生心を十の階梯に分かち三重に細説し、次に説かれる『即身成仏義』『声字実相義』『吽字義』の三部作に連結しているのである。

5　『即身成仏義』

「早く郷国に帰って密教を流布せよ」との恵果《けいか》和上の遺誡を胸に、二十年の留学期間を僅か二十五ヶ月で帰国された。それは、文字通り、虚しく往って満《み》（実）ちて帰られた、実りある入唐であった。

『即身成仏義』は、身口《しんく》心《しん》に関わる空海の三部作の一である。空海五十歳あるいは五十一歳頃の作と見られる。本論は、仏教の根本、成仏の問題を明瞭かつ明確に示し、真言密教の特質を述べた論である。この思想は、独り空海に依るものでなく、付法、伝持の祖に数えられる不空や恵果に繋がる密教の思想である。即身成仏に関し、不空は「金剛頂瑜伽法門は是れ成仏速疾の路」（『付法伝』弘全一・二六）とし、不空の弟子の恵果は、同じ『付法伝』の中に「金剛界大悲胎蔵両部の大教は諸仏の秘蔵即身成仏之路也」と述べている。恵果は両部を以て成仏の路としたのである。即身成仏の思想は金剛頂経ばかりでなく『大日経疏』においても見ることが出来る。即ち、『具縁品』第二の冒頭に「即心成仏の旨趣知に難し」として、不用意に説くべきでないことを述べている。

本論は、後述の『声字実相義』『吽字義』と共に三部作として知られ、空海の思想の中枢におかれる論なので、小論において軽々に論ずることは十分注意しなければならない。本論は二経一論八箇証文に依拠し二頌八句を以て大筋を述べている。文言は単簡であるが、意は深き淵の如くである。今は、梗概に留め、稿を改めたい。

それらは、

即身

六大無碍常瑜伽（yoga）―体

四種曼荼（maṇḍala）各不離―相

三密加持（adhiṣṭhāna）速疾顕―用

重々帝網名即身―無礙

成仏

法然具足薩般若（sarvajñā 一切智）

心数心王過刹塵（kṣetra 刹土）

各具五智無際智

円鏡力故実覚智

の二頌八句である。

この『即身義』は、古来多くの学匠たちによって真剣に論じられた。その証左として、六本の異本即身義があり、多くの疏釈がある。それらは、

1　真言宗即身成仏義　一巻 本書問答

2　即身成仏義
3　真言宗即身成仏義一巻
4　即身成仏義　異本
5　異本即身成仏義
6　真言宗即身成仏義一巻本書問答

である（『弘大全』巻十二）。

また古徳たちの研究成果である多くの疏釈が在る。それらは、

『即身成仏義章』一巻　覚鑁（一〇九五～一一四三）『興教大師全集』
『即身義聞書』一巻　道範（一一八四～一二五二）高野山宝亀院蔵
『即身義精談聞書』一巻　道範、高野山宝亀院蔵
『即身義補闕問題』四巻　明範口、源朝（～一二三四）記　写本
『即身義愚草』四巻　頼瑜（一二二六～一三〇四）写本
『即身義別記』一巻　頼瑜　写本
『即身義顕得鈔』三巻　頼瑜　『真言宗全書』第十三

『身心本元鈔』一巻　頼宝（一二五五〜一三三〇）版本
『六大奥義鈔』頼宝　版本
『体大東聞記』一巻　頼宝　版本
『即身義鈔』四巻　性心（一二八七〜一三五七）『真言宗全書』第十三
『即身義密談鈔』十巻　性心　東寺観智院蔵
『即身義東聞記』十巻　杲宝《ごうほう》（一三〇六〜一三六二）版本
『即身義伝宝義』六巻　杲宝　版本
『即身義初学鈔』七巻　賢宝《げんぽう》（一三三三〜一三九三）東寺菩提院蔵
『即身成仏義鈔』十巻　宥快《ゆうかい》（一三四五〜一四一六）『真言宗全書』第十三
『即身義冠註』二巻　浄厳（一六三九〜一七〇二）版本

である。

これだけ多くの異本、疏釈を有している『即身成仏義』の二頌八句を読み解くその難しさが見えてくる。

6 『真言宗所学経律論目録』（三学録）

真言宗徒必須の経律論などを指示している。この目録は真言宗において学ぶべき書目を挙げているが、同時に真言宗を知るために何を学ぶべきかを述べたものであり、同時にこの書目などにより、真言宗の構図が示されていると理解されるのである。

経は金剛頂宗経（Yoga-tantra）六十二部。胎蔵宗経（Caryā-tantra）七部。雑部真言経など（Kriyā-tanta）六十四部、梵字真言讃等四十巻。律（根本説一切有部律）十五部百七十五巻。論（『金剛頂発菩提心論』『釈摩訶衍論』）二部十一巻である。

インドにおけるタントラの分類を知っての分類と思われる。空海は、恐らく、当時来唐して長安の醴泉寺《れいせんじ》に住していた般若三蔵あるいは牟尼室利《むにしり》（八〇六）らの下にそれらを学んでいたであろう。

この『三学録』は、瑜伽タントラを頂点とし、六十二部経軌が金剛頂宗経として挙げられている。

次に胎蔵宗経（Caryā-tantra）として七部が挙げられている。

雑部真言経（Kriyā-tantra）として六十四部百五十六巻が列記されている。

全体を概観してまず不審に思われるのは、不空訳が圧倒的に多いことである。金剛頂宗経六十二部の内、不空五十五部、金剛智四部、善無畏二部である。

胎蔵宗経では、七部の内、不空「四」、善無畏・一行「一」、金剛智「一」、欠「一」であり、『大日経疏』は取り挙げていないのである。

雑部真言経、六十四部の内、不空訳「四十四」。唐 般若共牟尼室利「一」。唐 般若「一」。唐 阿質達霰「二」。唐 般若斫羯囉「一」。唐 阿地瞿多「一」。唐 菩提流支「一」。善無畏「一」。

金胎両部に渉って不空訳が圧倒的に多い。これを以て空海は何を後学に示そうとされたのであろうか。

『梵字真言』（四十巻）

次いで梵字真言讃等が今までになく多く出されている。これらから空海の志向する所が見えてくる。原典志向が強かったようである。しかし、これらの梵字悉曇から文学論を望むのは無理であるが、空海の先見性は驚異である。

次いで律が説かれる。

律は、根本説一切有部律に依る。有部律は、義浄（六三五～七一三）によって請来され訳出された新律で、十誦律と同じく説一切有部に属し、記述にも親縁関係が見られる。しかし義浄は、『南海寄帰内法伝《なんかいききだいほうでん》』に、

凡そ、此の所論は、皆な根本説一切有部に依り、余部の事を将て斯れに見糅すべからず。此れ、十誦と大帰相似なり。有部の分かつ所の三部の別は、一に、法護（Dharmagupta）、二に、化地《けじ》（Mahīśāsaka）、三に、迦摂卑（Kāśyapiya）なり。此れ並《みな》五天に行ぜず。唯だ、烏長那国（Udyāna）及び亀兹《きじ》（Kuccina）、于闐《うてん》（Khotan）に雑《まじ》えて行うものあり。然し、十誦律は亦《ま》た是れ根本有部ならざるなり。（大正五四・二〇六中～下）

と述べ、十誦律と根本説一切有部律は決して同じでないとし、その視座から根本説一切有部律を新たに請来し、訳出したのである。義浄は、法顕や玄奘の遺風を慕って入竺を

玄奘三蔵も学んだナーランダー寺跡

志し、聖跡をめぐり、ナーランダー寺にあって密教を学び、自ら密壇に登った。一度び帰国せるも、再度入竺している。その経緯は、『南海寄帰内法伝』（大正№二一二五）に詳しい。律も、根本説一切有部律を密教の律とし、密教眼を以て律典を訳出している。空海もこの意を受けて、根本説一切有部律をもって真言密教の律典とされたものであろう。

後に、東インドのVikramaśila寺のAtīśa（Dīpankara śrījñāna, 982~1054）の戒律復興によって流伝後期の仏教再建の緒《いとぐち》が開かれた西蔵仏教は、この根本説一切有部律を所依としている。密教と根本説一切有部律の密な関係が知られる。

種々の雑密《ぞうみつ》を措《お》いて、仏教の中に位置づけされた密教が中国に知られるようになったのは、善無畏、一行による『大日経』訳出と『大日経疏』の講述が嚆矢とされる。善無畏（六三七～七三五）、一行（六八三～七二七）、金剛智（六七一～七四一）、不空（七〇五～七七四）は時代を同じくし、それより少しく遅れて恵果（七四〇～八〇五）が出て、密教の正統を受け、中国における密教の隆盛を見た。彼らは、密教の付法、伝持の祖師に名を連ね、空海は、その仕事の質・量から不空を最も重要な師として選んだものであろう。

7 『声字実相義』

インド文化史上、声論《こえろん》は様々に論じられ、文化史の一面を荷ってきた。古くは吠陀（Veda）において、声は、森羅万象に宿し、諸の神々を啓請し讃嘆し、その恩寵《おんちよう》を祈請するための真言（mantra）であった。それがBrāhmaṇaの時代に至り、神々を支配する力を有つ軌則となった。あるいは、六派哲学（Mīmāṃsā, Vedānta, Sāṅkhya, Yoga, Vaiśeṣika, Niyāya）

において、Vedāntaと後期Mīmāṃsāの二派は、Vedaの聖典の権威に追随し、その教義を組織化したものであるが、他の四派は必ずしもそうではなかった。これらの中でMīmāṃsāは声常住を主張する。この声常住論はBC四・五世紀頃から盛んになった文法論に従って生じたものである。したがって、その起源はBC三・四世紀頃と考えられる。そして現在の形となったのは、時代が下って五〜六世紀までであると考えられる。

声常住論は、われわれの発する言語は、全て実在の声が顕在化したものと考えられる。この考え方の起源は、人間が神々を支配下に置くに至ったBrāhmaṇaの時代において、祈祷者に大きな権威と意義を与えたことに始まる。祈祷者に神々を自由に支配する能力があるとすれば、吠陀の祈祷とそれを構成する言語にも無限常住の神秘力を認めるに至ったのも当然といえる。

Brāhmaṇaの時代において、言語と思想の優劣を論じ、言語（vāc）そのものに、生主（Prajāpati）または梵（Brāhmaṇa）の標号を見たのである。

この声常住論に三派が数えられる。

① Sphoṭa常住説

（文法家Pāniniによれば）Sphoṭa は Sphuṭ に語源がある。

例えば、Aśva は、梵の心中にある Aśva の概念が、「Aśva」の音声によって発現される。名語に Aśva の概念が含まれているのではない。Aśva の発生の縁を借りて実在の Aśva として開発されるという意である。

② 声顕論（本派の主張）
概念を言語化し、しかもその各言語に対し、実在の声を認める。

③ 声生論
発声そのものは、無常、とするのに反し、声は本来無であるが、発声後に至って常住となる。


このように、声の常・無常あるいは実在か否かが問題とされ、更に、認識論においても、後世 Kumārila に依る①現量（pratyakṣa）、②比量（anumāna）、③声量（śabda）、④比喩量（upamāna）、⑤義準量（arthāpatti）、⑥無体量（abhāva）がいわれ、声量が認識手段として重要な働きを持っていることを示している。

インドの哲学において、声が万有の実体を表象するものなのか否かが問題とされて来た。

それを六派哲学のMīmāṃsāに見たが、仏教においても法を説く言語が実体として存するか否か、あるいは、法において言語に仮託されて説かれるに過ぎないのかなどが種々論義された。従来の仏教では言語、音声、文字などは仮有であり、真如の実相を完全に表象し得ないとしている。説法においても、法身は説法せず、果分不可説の立場を主張する。

空海は、声字実相の依拠を『大日経』巻第二「具縁品」に求めている。即ち、

「等正覚の真言は、言と名が相を成立す。因陀羅宗の如く、諸の義利を成就す」「秘密主よ、その場合、円成仏の秘密真言は、語と名と幖幟が相である」（大正一八・九下、蔵訳台北 Vol.17, fol.341）

といい、『大日経疏』は、これを「如来の一々の三昧門は、声字実相なり。有仏無仏法は是の如きの故に云々」（大正三九・六五七上）と説き、Buddhaguhyaの『広釈』は「〈円成仏の秘密真言は、語と名と幖幟が相である〉とはjina（勝者）、jika（仁者）云々の語を述べるをもって、これが仏の名相にして、仏の真言において用いられると知ることである」（台北 Vol.30, fol.669）と説いている。

本論に「所謂声字実相とは、即ち是れ法仏平等の三密、衆生本有の曼荼なり。故に、

大日如来この声字実相の義を説く」と述べられるのである。そして、声字実相を両部、色心、理智に配し、声は語密、蓮花部に、字は意密、金剛界、実相は身密、仏部に配して理解している。

空海は、身口意の三密を明かすため、即・声・吽の三本を説かれた、と見られるが、その成立次第は確定されない。しかし、空海の三部作は、空海を理解する上で極めて重要な書である。その故に、諸先学は、多くの註釈書を誌して理解に努めているのである。

ここで、この論を理解する一助として、諸註釈書を選び記しておこう。

『声字実相義抄』二巻　道範（一一七八〜一二五二）
『声字義問答』作者不詳
『声字実相義開秘鈔』二巻　頼瑜（一二二六〜一三〇四）
『声字実相義愚艸』三巻　頼瑜
『声字実相義勘註』四巻　杲宝（一三〇六〜一三六二）
『声字実相義口筆』五巻　杲宝　賢宝
『声字実相義鈔』三巻　宥快（一三四五〜一四一六）

『声字実相義研心鈔』十巻　宥快
『声字実相義研心鈔』三巻　宥快
『声字実相義撮義鈔』二巻　覚眼（一六四二～一七二〇）
『声字義私記』三巻　曇寂（一六七四～一七四二）
『声字義請筵』一巻　亮海（一六九八～一七五八）
『声字義紀要』三巻　周海（～一七八九）

8　『吽字義』

先述の『即身成仏義』『声字実相義』と共に真言宗の主張する三密用大の意密を明かしている論である。身口の二密を論じ今は意密が説かれる。吠陀の時代から特に聖なる語としての hūṃ（hūṃ 吽）字を選び、これを以て解説しているのである。

吽字は元々「牛の鳴声、雷の音」を表現しているが、空海は『金剛頂経理趣釈』（大正一九・六〇九下）によって四字合成とした。即ち、

1　賀（ha）—hetu（因）
2　阿（a）—anutpāda（本不生）
3　汚、損減（ū）—ūna
4　麽（ma）—ātma（我）

である。当論では、先ず字相を解し、次いで字義を解することから説かれる。

⑴　字　相

字相を解するとは、吽（𑖮𑖳𑖽）字を分解すると𑖮（ha）・𑖀（a）・𑖂（ū）・𑖦（ma）の四字合成と判る。

1　𑖮は、中央の本尊の体である。𑖮字には因の義があり、梵にhetvā（因）という。即ち、之れ因縁の義である。

2　𑖀〜𑖮字の中に全て𑖀の音声あり、𑖀字は一切字の母、一切の声の体、一切の実相の源である。開口の音に𑖀声あり。阿声を離れれば一切の言説はない。もし、𑖀字を見れば諸法の空無を知るのである。

3　𑖅（汚）は一切諸法損減の義、𑖅字を見れば一切法の無常・苦・空・無我等を知る。

4　𑖦（麼）は翻じて ātman の意とする。

我に二種あり、

⑴ 人我（人空法有）

⑵ 法我（人法二空）

一切世間は、唯だ字相のみを知って、その字義を理解していない。その故に、生死流転の人となる。如来は実義を解しておられるので大覚と号される。

本論は、字相を解することから始まる。

⑵ 字　義

字相に次いで字義が説かれる。字相と同じく、字義を四種にたてる。即ち、訶（ha）、阿（a）、汙（ū）、麼（ma）である。これらの字義を解するに字相の四種に依る。これを解するに別釈と合釈が説かれる。

①別釈

—訶 𑖮（ha）—

一切諸法因不可得、諸法は展転して因成を待たぬが故に結局は無依である。故に無住を諸法の本となす。

三義あり、不生の義・空の義・有の義である。龍猛（Nāgārjuna）、八宗の祖と称され、真言密教の伝持の第一祖である。彼の『中論』巻四、観四諦品の偈（大正三〇・三三中）に「因縁生の法は亦た空、亦仮、亦中なり」とある。

『大智度論』巻第二十七（大正二五・二五九上、六四六中）に、薩《さ》婆《ば》若《にゃ》（sarvajñā 一切智）を明すに三種名を立てる。即ち、

イ、一切智は二乗と共なり。

ロ、道種智は菩薩と共なり。

ハ、一切種智はこれ仏不共法なり。

この三智は、その実を一心中に得る。分別をして、その実を一心中に得るのである。

—阿 𑖀（a）の義—

次に『大日経疏』巻七の文（大正三九・六五一下）の、

阿字門一切諸法本不生とは、凡そ三界の語言は皆名に依り、名は字に依る。故に、
悉曇の阿字を衆字の母となす云々

と阿字の実義を明かし、続いて『守護国界主陀羅尼経』（大正一九・五三二上）を証としている。

―汙𑖅（ū）の義―

「汚字内一切諸法損減不可得故」と字義を明かし、絶体の覚りの境界をいう。この境界は、六師外道、仏教内では第四・五住心の声聞、縁覚あるいは第七住心の三論も不可得である。汙字の実義もこのように知らるべきである。『守護国界主陀羅尼経』に「汙字は報身の義なり」（大正一九・五六五下）とあるを引き、この報身は因縁酬答の果報でなく、相応、相対の故に、心境相対の故に、法身を智身は相応無二の故に、性相が無碍に渉入し体用が無二に相応するので報という。この故に常楽我浄は汙の実義であると解する。さらに『華厳経』（大正九・六四七中・下）に説く「十自在」を以て、汙字の実義と説かれるのである。そして悉曇の字文三十を解している。

更に十住心の義に約して汙字の実義を説き、以下、秘密曼荼羅の普門即一門、一法界即多法界を説き、以上を汙字の実義とするのである。

—麼 𑖦(ma)の実義—

麼字門は、一切諸法は吾我不得の故にこれを実義と名づける。所謂る我は人我・法我の二である。人我は自性、受用、変化、等流の四種法身である。法我は一切諸法、一法界、一真如、一菩提乃至は四千不可説不可説の微塵数の法である。このように四種法身は無量無数であるけれども、その体は一相一味にして彼此の別はない。これ「遮情の実義」である。この処は、『釈摩訶衍論』(大正三二・六一七上)に説かれる金剛己還の四種の行人即ち十信、三賢、九地、因満の四種の行人も六神通の人も及ばず。これを「絶言の実義」とする。

『仁王般若陀羅尼釈』(不空訳。大正一九・五二三下)を取意して「麼字とは大日の種子なり。一切世間は我々を計すと雖も未だ実義を証さず。ただ大日のみをして無我中において大我を得たまえり。云々」と、表徳の実義を述べる。更に、『守護国界主陀羅尼経』に依り「妙用難思の実義」を説き、『大日経』具縁品(大正一八・一〇中)によって「平等の実義」を説く。『大日経疏』（大正三九・六八六下）によって麼字を転声して瞞とし、「円徳の実義」をいい、『大疏』巻十（大正三九・六八五中）により「損己《そんこ》益物《やくもつ》」の実義を説き、両部意をもって「円融の実義」を明かすのである。

②合釈

吽字は阿訶汙麼の四字合成である。それらは、

阿（a 𑖀）は法身の義

訶（ha 𑖮）は報身の義

汙（ū 𑖄）は応身の義

麼（ma 𑖦）は化身の義

である。別相を以ていえば、

阿は、一切の真如法界。法性・実際等の理を摂す。

訶字門は、一切の内外、大小、権実、顕密等の一切の教を摂す。

汙字門は、一切の行、三乗五乗の行を摂す。

麼字門、一切の果法を摂するに摂せざるところなく。理々尽くし持し、事々悉く

摂するが故に惣持といわれる。

通相をもって釈せば、各々に理・教・行・果等を摂して摂せざる所がない。

龍樹の『大智度論』（巻三十八、大正二五・三三六中）に、
仏法の中に二諦あり。一に世諦、二には第一義諦である。世諦のための故に衆生ありと説き、第一義諦のための故に衆生無所有。

と説く。

また次に、吽の一字に約して、三乗の人の因・行・果を明かせば（『瑜伽師地論』巻二、大正三〇・三九五下）先ずはじめに声聞、この吽（hūṃ）の中に訶（ha）字あり、これ因（hetu）である。吽字の上に空点があり、この空点は麼（ma）字の所生である。麼字は人法二空の義である。その人空の理は声聞所生の理で、これを声聞人の因・行・果と名づく。次に、『瑜伽論』（大正三〇・三九五下）を引いて、この吽（hūṃ）字の中に訶（ha）字あり、因（hetu）の義である。次に縁覚乗の種姓等とは、これ、その因なり。

縁覚はまた十二因縁、四諦方便等を観ず。この吽（hūṃ）字の中に訶（ha）字があり、これその因（hetu）である。

次に菩薩が明かされる。『大日経』の三句法門を出し、菩提心為因、大悲為根、方便為究竟とし、吽字（hūṃ）の本体は訶（ha）字（hetu 因）で菩提心を因となし、汙字は大悲万行の義である。上に空点がおかれるのは涅槃の果を顕わすのである。

『大日経』および『金剛頂経』の明かすところは皆三句法門に過ぎず、一切の教義は、この因・根・究竟の三句に過ぎない。この三句を一にして一の吽（hūṃ）となすのである。

三句の法門について、Buddhaguhya の『広釈』、Kamalaśīla の『修習次第』(Bhāvanākrama) は「悲が菩提心の根となるので因の因である」との理解を示し、大悲を第一にしている。最後に、『大日経疏』巻九（大正三九・六七三～六七四・六七八）の文により、「六種復次」の段として知られる文をもって、即ち、㈠擁護の義、㈡自在能破の義、㈢能満願の義、㈣大力の義、㈤恐怖の義、㈥等観歓喜の義が説かれる。

本論の注釈書に、

『字義探宗記』三巻　頼瑜（一二二六～一三〇四）

『吽字義愚艸』三巻　頼瑜

『𑖮𑖳𑖽字義聞書』一巻　定俊
『𑖮𑖳𑖽字義釈勘註抄』三巻　隆源（一三四一～一四二六）
『吽字義鈔』十巻　宥快（一三四五～一四一六）
『吽字義命息鈔』十巻　宥快口・快雅記
『吽字義聞書』一巻　頼誉（一四五五～一五三一）
『吽字義講要』一巻　浄厳（一六三九～一七〇二）
『吽字義略解』三巻　尊祐（一六四五～一七一七）
『吽字義撮義鈔』三巻　覚眼（一六四二～一七二〇）
『吽字義私記』三巻　曇寂（一六七四～一七四二）
『吽字義講延』三巻　亮海（一六九八～一七五五）

などがある。

9　『秘密曼荼羅十住心論』

本論は、淳和《じゅんな》天皇の勅令によって、天長七年（八三〇）六本宗書の一として著された、空海五十七歳の時の作であるといわれる。

南インドを中心に行なわれ、後期密教として展開された密教は、ナーランダー寺などに行なわれた密教と同列には論ずることは出来ない。中国に齎された、仏教の終尾を飾る密教は、その特性から瑜伽宗、曼荼羅宗、マントラ宗、陀羅尼宗などと呼ばれる。

天長六本宗書とは、

①『華厳宗一乗開心論』六巻　晋機―華厳宗
②『天台法華宗義集』一巻　義真―天台宗
③『大乗三論大義抄』四巻　玄叡―三論宗
④『大乗法相研神章』五巻　護命―法相宗
⑤『戒律伝来宗旨問答』三巻　豊安―律宗

⑥ 『十住心論』十巻　空海―真言宗

この『秘密曼荼羅十住心論』は、弘仁四年（八一三）に病を得た空海が、執筆に心を向けられ、真言宗の主要な論を書き上げていた折であった。完治せぬ病によって向けられた執筆の総結として『十住心論』が書かれた。動機は何にあれ時宜を得た執筆であった。『十住心論』は、大部なるを以て、後に、淳和天皇の命勅によって、略論『秘蔵宝鑰』を著した。

『十住心論』は、両部大経の一である『大日経』あるいは『菩提心論』『釈摩訶衍論』を本拠として衆生心を「異生羝羊心」などの十心に開き、各住心一巻宛十巻に纏め、自らの主張する真言宗の基本的な教格を述べた論である。

先ず『大日経』所説の三句法門を以て本論の骨子とした。因・根・究竟の三句の法門を理解するにおいて、不空と時代を共にするBuddhaguhya（七八〇頃）は、ナーランダー寺の学匠で、禅宗の摩訶衍《まかえん》（Mahāyāna）の頓学を論破し、漸悟を主張したKamalaśīla（〜七九六）の『Bhāvanakrama』（修習次第）に依止し、大悲は一切の根であり、「菩提心為因」の因であり、因の因であると主張している。

〈Buddhaguhya に関しては、拙筆『大日経摂義』和訳　全』二〇一二年、ノンブル社、蔵文和訳参看〉

住心は無量であるが、先述の標題通り十に頒けて説くのである。それらは、

1　異生羝羊心　　2　愚童持斎心
3　嬰童無畏心　　4　唯蘊無我心
5　抜業因種心　　6　他縁大乗心
7　覚心不生心　　8　一道無為心
9　極無自性心　　10　秘密荘厳心

である。

十住心の中、第九住心までは、『大日経』住心品に説かれ、第十住心は『金剛頂経』に説かれる仏内証界に相当される。ここにわれわれは明らかに顕密の差別を知るだろう。そして同時に、金胎不二の両部思想も知るだろう。

空海は『十住心論』の稿を興す以前、已に「即《そく》・声《しょう》・吽《うん》」などの主要な論は書き上げられていた。

本論に説かれる十住心は全て『大日経』に見ることが出来る。即ち、

㈠　順世の八心として（異生羝羊心）＝一向性悪「秘密主よ、愚童凡夫の類は猶し羝羊の如し」（大正一八・二中）

㈡　「或る時、一の法想生ずることあり、所謂る持斎なり」（大正一八・二中）（愚童持斎心）＝人乗

㈢　「秘密主よ、これを愚童異生と名づく。生死流転の無畏依の第八嬰童心なり」（大正一八・二中）

㈣　「秘密主よ。一二三四五を再数すれば、凡そ百六十心なり。世間の三妄執を越えて出世間心生ず」（大正一八・三上）（唯蘊無我心＝声聞乗）

㈤　「是の如く唯蘊無我を解して、根の境界を解して（大正蔵欠）、根の境界に淹留《おんる》修行し、業煩悩の株杌と無明の種子の生ずる十二因縁を抜き、建立せる宗等を離る」（大正一八・三中）（抜業因種心＝縁覚乗）

㈥　「秘密主よ、大乗行あり、無縁乗心に、法無我性を発す」（大正一八・三中）（他縁大乗心＝法相宗）

(七)「無我を捨し、心主自在にして自心の本性を覚る」（大正一八・三中）（覚心不生心＝三論宗）

(八)「秘密主よ、真言門に菩薩行を修行する諸の菩薩は、無量無数百千倶胝（koṭi）那庾多（nayuta）劫（kalpa）に、無量の功徳智慧を積集し、具さに諸行を修し、無量の智慧と方便を皆悉く成就す」（大正一八・三中）（一道無為心、天台宗）

(九)「等虚空の無辺の一切の仏法は、此の相続生に依って、有為界と無為界を離れ、諸の造作を離れ、眼・耳・鼻・舌・身・意を離れ、極無自性心を生ず」（大正一八・三中）

（極無自性心、華厳宗）

(十) 秘密荘厳心は、曼荼羅、印智を以て説いている。

善無畏（六三九〜七三五）、一行（六八三〜七二七）より少し遅れて、Buddhaguhya が『大日経広釈』（『Rnam-par snaṅ-mdsad mṅon-par-byaṅ-chub-paḥi rgyud-chen-poḥi ḥgrel-bśad』東北 No. 2663）、『大日経摂義』（略釈、東北 No. 2662）を出している。後世、Bu-ston rin-chen ḥgrub（一二九〇〜一三六四）は『金剛頂経』に造詣の深い Ānandagarbha や Śākyamitra と共に彼を取り挙げている。

Buddhaguhya の『広釈』『略釈』は『大疏』の説く所とは大いに異なり、多くを『大疏』に依拠する空海の十住心理解も Buddhaguhya の理解と異なり、同一に論ずることは出来ない。今は、混乱を招くので、Buddhaguhya の説については、相違の指摘に留め、後日、稿を改めたい。

各宗の碩学に伍して真言宗総括の文を興した。四十歳の時の罹病を機に、思う所に従って真言密教の枢要を論じて来たが、ここに勅命によって、真言宗の全体像を説き明かされた。それが『秘密曼荼羅十住心論』である。

本論は、前述の住心に従って項を立て論を進めている。即ち、異生羝羊住心から秘密荘厳住心である。

豊富な語彙、広汎な知識、深い洞察力を駆使しての弾《は》ずむような言葉と華麗な駢儷体《べんれいたい》の文が紙面に溢れている。

①異生羝羊住心

善悪を知らざる迷心、因果を信ぜず、草姪を想う羝羊の如くである。『大日経』に曰く、「愚童凡夫の類はなおし羝羊の如し」と。五趣に輪転して器界の四洲即ち東勝《とうしょう》人国《にんこく》(Pūrvavideha)、西牛《さいご》貨洲《かしゅう》(Aparagoyana)、南贍浮洲《なんせんぶしゅう》(Jambu-dvipa)、北倶《ほっく》盧洲《るしゅう》(Uttarakuru)に転生する。あるいは、地獄、餓鬼、畜生、阿修羅(asūra)、人趣を経廻《へめぐ》り果てしない。善悪の因果を知らない愚童凡夫の類に喩えて説かれる。西蔵訳には「愚童凡夫は我に執し、我所に執し、現貪によって無数の我分を分別す」と説かれる。

②愚童持斎心

『大日経』に「亦た次に秘密主、愚童凡夫の類は直し羝羊の如し。或時に一法の想生ずることあり。いわゆる持斎なり」という。六斎日を守り、日々五戒・十善を行じ、高徳の者に供養するなどを為す。即ち、三帰、五戒、十善を行じて倦むことなく住す。

③嬰童無畏心

未だ善悪に染まらず、嬰童は未だ善悪に染せられず、純粋無垢の嬰児《みどりご》の如きを云う。『大日経』住心品に「秘密主よ、是れ嬰童異生生死流転無畏依第八嬰童心」(大正一八・二中)

とあるによって名を立てるのである。同品に、その心生起の様相を草木の成長に譬して説かれる。即ち、種子、芽、皰、葉種、敷華、成果、受用種子として無畏八心が説かれる。これは、出世間心の声聞見道の前の心で、世間の善心なので順世八心と呼ばれる。

それに加えて十六外道が説かれる。すなわち、

①因中有果宗―劫毘羅僧佉（Kapila Sāṃkhya）即ち数論である
②従縁顕了宗―数論外道、声論外道と
③去来実有宗―勝論派と時論外道
④計我実有宗―我は実有なりと計する論者
⑤諸法皆常宗―常を計する論者
⑥諸因宿作宗―無繋外道。受ける所の苦は皆宿作の悪を因とする
⑦自在等因宗―自在を計する論者
⑧害為正法宗―害を正法と為すと計する論者
⑨辺無辺等宗―辺無辺等を計する論者
⑩不死矯乱宗―四種の不死矯乱の外道

⑪　諸法無因宗―諸法は無因に起こると計する論者
⑫　七事断滅宗―七事の断滅を計り、死後断滅して有ることなし
⑬　因果皆空宗―尋伺により或いは静慮による断見の外道
⑭　妄計最勝宗―最勝を計する論者
⑮　清浄最勝宗―清浄（恒河《がんが》に浴すれば清浄となる）を計する論者
⑯　吉祥を計する論者

などである。

更に、禅定に入って四静慮に住し、六欲天に住し、更に色界の十八天に住するのである。そして無色界の四天即ち空無辺処天、識無辺処天、無所有処天、非想非非想処天に住す。されば、釈尊が菩提樹下に未曾有の涅槃を得られる以前に Ārāḍakālāma, Udraka-**Rāmaputra** について修された無色界定である。

釈尊は、これを捨て、二辺を離れた禅定によって、縁起の法を悟られ、自らが縁起の当体となり、一切の対立（分別）を離れ、未だ何人も経験したことのない未曾有の世界（涅槃）に住されたのである。これを『金剛頂経』に見れば、苦行（Āsphānaka-samādhi 無息禅）

に励む一切義成就菩薩（Sarvārtha-siddhi bodhisattva, 釈尊に比定される）を、一切如来が驚覚せしめ、五相成身観を勧めるのである。ここに、密教流伝の緒が見られるのである。『大日経』に関しては、『大日経』の訳出、そして註疏『大日経疏』を書いた善無畏三蔵、一行禅師が居り、『広釈』を書いたBuddhaguhyaが居り、金剛界に関しては、『金剛頂経』の細釈で知られる、Ānandagarbha, Śākyamitra, Buddhaguhyaらが居る。中でも、両部大経に釈を施しているBuddhaguhyaは注目さるべきであろう。これは、空海の見解とは別に、将来、日本密教を多角的に研究し、より良き確かな稔りあるものにするために、今後、不可欠の資料として注目さるべきと思う。

④唯蘊無我心

以下、出世間心が説かれる。この住心の名は、『大日経』に、

世間の三妄執を越えて、出世間心生ず。謂く、かくの如く唯蘊無我を解して、根の境界に淹留修行して、業煩悩の株杌と無明の種子の生ずる十二因縁を抜き、建立せる宗等を離る（大正一八・三中）

とあるに依る。

また、「声聞乗を唯蘊無我住心と名づく」と説かれる。即ち人空法有の理を他より聴いて悟ることを以て声聞と名づけられるのである。

蘊は、色・受・想・行・識の五蘊であり、唯それだけが実在して、実在していると思っている我は存しないという。

我の問題は、極めて自己主張が強いといわれるインドの人々の間で、吠陀《ヴェーダ》以来、長時、論諍の中心にあり、無我という我があるのではないか、あるいは、無我と云うも、我がなければ、その存在根拠を失うのではないかなどの論が百出し、随所に顔を覗かせ、多くの宗教・哲学を論じ、修す者たちを悩ませて来た。

それは、無我を標榜する仏教においても同様であり、今日的問題でもある。

南方上座部仏教では、縁起を体証し、有無を離れた無我を体得するVipassana-kammaṭṭhāna（観法）が、釈尊と均しい悟りに導く道として説かれ、実践されている。

この内観禅は、出家、在家を問わず、今日、斉しく修されている。本来、仏道の修行に、出家・在家の別はないのである。

⑤抜業因種住心

この住心名は『大日経』の「業煩悩の株杌は、無明の種子の十二因縁を生ずるを抜く」（大正一八・三中）とあるによる。業煩悩は悪業を云い、株杌とは枝末の煩悩を生ずる根本である無明煩悩を指し、無明は、十二縁起の最初の無明を指す。順次、行・識・名色…乃至…生・老・死は無限に続き、一切苦の根本となる。この縁起の法を断じ抜くのがこの住心であり、縁覚乗の分際である。

⑥他縁大乗住心

この住心は、菩薩乗の住心である。化他大悲の行願を有する菩薩の初心にして、深くは弥勒菩薩の内証界である。ここに法相宗が摂される。六無畏の中では、第五の法無我無畏に入ることである。この住心の依って起つ依処は、『大日経』『菩提心論』に求めることが出来る。『大日経』には、「秘密主よ、大乗行あり。無縁乗心に法無我性を発す。何を以ての故に。彼の往昔の是の如きの修行者の如く、蘊の阿頼耶を観察して、自性は幻と陽焔と影・響・旋火輪《せんかりん》・乾闥婆《げんだつば》城の如きと知る」と、亦た、龍猛菩薩の『菩提心論』に「また衆生あって大乗の心を発して菩薩の行を行じ、諸の法門において遍修せざることなし。亦た、三阿僧祇劫を終て六度万行を修し、皆悉く具足して而して仏果を証す。久遠にして成ずることは、これ所修の法教致《むね》次第あることに依ってなり」と述べられる。空海は、この住心は、大乗初門であるが、自利に住する小乗とは大いに異なる、というのである。

⑦覚心不生住心

三論宗がこの住心に相当される。六無畏の中、第五の法無畏無我に相当される。『大日経』住心品の百六十心段に「是の如く無我を捨し、心主自在にして自心の本不生を覚る」(大正一八・三中)とあるに依る。

「覚」は能覚、「心不生」は所覚である。龍樹にはじまる『中論』『百論』『十二門論』の三論を対象として説かれる住心である。絶対中といい、無立場の立場に立つこれらの諸論に、文殊菩薩をはじめとする馬鳴、龍樹に展開された論で、仏教において最も難解とされる論である。

⑧一道無為住心

天台宗に対応される。絶対寂静（śamathā 止）の一実中道を以て理智不二を体証する心位である。この心の根本は、仏教と瑜伽行、あるいは、禅定に不可欠の心位である śamathā（止）は、一切の心の働きを止息し、絶対寂静裡に映し出される縁起生滅の様相（釈尊の悟りに通ずる）を体証するのである。この境界は、六無畏中の「一切法自性平等無畏」の分際である。

この住心には、如実一道心、如実知自心、空性無境心の呼称もある。一実中道の真如であり、為作造作を離れているので無為と説かれるのである。

この住心の名は、『金剛頂蓮華部心念誦儀軌』の「想身証十地　住於如実際　空中諸如来　弾指而警覚　告言善男子　汝之所証処　是一道清浄」（大正一八・三〇二上）に依るといわれる。

この住心は、一乗真実に停滞せるを驚覚《きょうがく》して、極無自性心の心生起《しんしょうき》の次第を明かすのである。

⑨極無自性住心

華厳宗の法門がこれに相当される。六無畏の第六・一切法自性平等無畏に当たる。ここで超過すべき妄執は、第三劫の極細妄執である。華厳宗に対応する住心である。

華厳宗とは、『大方広仏華厳経』に依拠する故にいわれるのである。今日、奈良東大寺の大仏殿の毘盧遮那仏は、盧遮那仏《るしやなぶつ》として広く知られている。これは、毘盧遮那《びるしやな》を法・報・応の三身に考え、報身盧遮那仏がいわれ、広く人口に膾炙されたものである。

大毘盧遮那如来も、顕密によって異なっている。この住心名は、『大日経』住心品に「所謂、空性は根境を離れて、無相無境界にして、諸の戯論を越えたり。等虚空の無辺の一切の仏法は、この相続によって、有為無為界を離れ、諸の造作を離れ、眼・耳・鼻・舌・身・意を離れ、極無自性心を生ず」（大正一八・三中）とあり、それを釈して善無畏三蔵は『大日経疏』に、「極無自性心は、十縁生句即ち花厳・般若の種種不思議境界を摂するが如く皆其の中に入る」（大正三九・六一二中）と説かれる。Buddhaguhya『広釈』『略釈』共に明確な釈はない。

⑩秘密荘厳住心

心品転昇に従って、無明の極みである羝羊の如き心より顕教の至極の住心まで十二分して説き進めた『大日経』に依止して論を立てるが、前例もなく、般若三蔵《はんにゃさんぞう》や牟尼室利《むにしり》らから、断片的であるが、密教について知る所が多かった。

一例として、『三学録』における経論の配置を見ると、金剛頂宗経（六十三部）が瑜伽《ゆが》怛特羅《たんとら》（Yoga-tantra）に。七部の胎蔵宗経は行《ぎょう》怛特羅（Caryā-tantra）に、六十四部の雑部真言宗は作《さ》怛特羅（Kriyā-tantra）に配されている。中国にも日本にも見られない分類で、インド密教に見られるタントラの分類に同じである。このような知識は、般若三蔵あるいは牟尼室利から学んだことであろうと思われる。

第九住心までを顕教とし、第十住心に至って密教が説かれるのである。

顕教においては、否定的な言辞によって真実を極めんとしたが、最後に否定している当体が残る。それを解消するのは、絶対肯定の中においてである。否定の言辞は対立関係を残し、絶対肯定は、一切を自然法爾《じねんほうに》として有るが侭に受け入れる。一切は、この無立場の立場にある。空海は「顕密は人にあり　声字は非なり」（『般若心経秘鍵』）と説かれる。身を飾るに曼荼羅を以てし、語るに真言、陀羅尼を以てし、想う所は、変現自在にして罣礙《けいげ》する所がない。極細妄執を超え、仏自性の曼荼羅界を体する境界は、釈尊が、伽耶（Buddhagayā）の園林に、自らを含めて一切が縁起の流れに住することを体解された境界に相い通ずるものがある。その境界を『大日経』住心品に見ることが出来る。即ち「毘盧遮那如来加持故、奮二迅示三現身無尽荘厳蔵一。如是奮迅示現。語意平等無尽荘厳蔵」（大正一八・一上）。

『秘密曼荼羅十住心論』に対し、後世の学匠たちは、それぞれの理解に従って、解する所を述べている。

①『十住心論肝要鈔』三巻　重誉（～一一三九～）
②『十住心論勘文』三十八巻　頼瑜《らいゆ》（一二二六～一三〇四）
③『十住心論愚草』三十八巻　頼瑜
④『十住心論衆毛鈔』十八巻　頼瑜

⑤『十住心論義批』三十六巻　凝念（一二四〇～一三二一）
⑥『十住心論私記』十二巻　政祝（一三六六～一四三九）
⑦『十住心論義林』二巻　宥快（一三四五～一四一六）
⑧『十住心論広名目』六巻　印融（一四三五～一五一九）
⑨『十住心論科註』二十二巻　秀翁（一六二六～一六九九）
⑩『十住心論冠註』十巻　亮海（一六九八～一七五五）

10『秘蔵宝鑰』

本論は、前述の『秘密曼荼羅十住心論』（広論）に対する略論で、淳和天皇の勅によるものといわれている。『大日経』の住心品を正依とし、『金剛頂経』『菩提心論』『釈摩訶衍論』などに依りながら、十住心の次第に沿って論を立てている。

〈1〉本論は、序論の後に、十住心を列挙し、それぞれに四句十六字の註釈を施している。
〈2〉本論は『大日経』に依り、それを釈するに『菩提心論』を引いている。

〈3〉本論は、第四住心、憂国公子と玄関法師の十四問答を設け、内外大小の教法に何就も国家に益あることを明かしている。

〈4〉第六・七・八・九の四箇の住心は『釈論』の五重問答の文を具さに引いている。しかし、『十住心論』には本論ほど具さに引かれていない。

〈5〉『本論』は、第十住心の下に具さに『菩提心論』における三摩地段を引き、三密妙行を説く。

『十住心論』は、第四唯蘊無我住心から第九極無自性住心までに、真言と共に真言の密意を述べ、九顕一密と共に九顕十密の立場を明かしている。秘密に二面あり、如来秘密と衆生秘密である。

『秘蔵宝鑰』は序論が終わるや、十住心を列記し、それぞれに四字一句の四句を付している。即ち、

第一、異生羝羊心《いしょうていようしん》

凡夫狂酔して　吾が非を悟らず

但し、婬食を念うこと　彼の羝羊の如し

第二、愚《ぐ》童持《どうじ》斎心《さいしん》

外の因縁に由って　忽ち節食を思う

施心萌動して　穀の縁に遇うが如し

第三、嬰童無《ようどうむ》畏《い》心《しん》

外道天に生じて　暫く蘇息を得

彼の嬰児と　犢子との母に随うが如し

第四、唯蘊無《ゆいうんむ》我《が》心《しん》

唯だ法有を解して　我人皆遮す

羊車の三蔵　悉く此の句に摂す

第五　抜業因種心《ばつごういんじゅしん》

身を十二に修して　無明種を抜く

業生已に除いて　無言に果を得

第六　他縁大乗心《たえんだいじょうしん》

無縁に悲を起して　大悲初て発る

幻影に心を観じて　唯識境を遮す

第七　覚心不生心《かくしんふしょうしん》

八不に戯を絶ち　一念に空を観れば

心原空寂にして　無相安楽なり

第八　如実一道心《にょじついちどうしん》

一如本浄にして　境智倶に融す

此の心性を知るを　号して遮那と曰う

第九　極無《ごくむ》自性心《じしょうしん》

水は自性なし　風に遇うて即ち波立つ

法界は極に非ず　警を蒙って忽ち進む

第十　秘《ひ》密《みつ》荘厳《そうごん》心《しん》

顕薬塵を払い　真言庫を開く

秘宝忽に陳して　万徳即ち証す

と述べ、更に、一々について釈を施している。

顕教は塵を払うのみに留まり、真言密教だけが仏の教えを蔵する庫を開くことが出来る。鑰《かぎ》を開ければ、庫中の仏の教えは忽ち現われて、全ての功徳が目のあたりに実現されるのである。

空海はわれわれの心を十に分類して示されたが、心象風景ともいうべきわれわれの心を先述の『般若心経秘鍵』に明曠（～七七〇～）の『般若波羅蜜多心経疏』の文「夫れ仏法はるかに非ず、心中にしてすなわち近し。真如外にあらず、身を棄てていずくんか求めん。迷悟われに在れば発心すれば即ち到る。明暗他にあらざれば信修すればたちまち証す」の文を引き、心身一如を示している。

われわれは、世間あるいは出世間に住す。またわれわれは、世間乗（人乗）、小乗、権大乗、実大乗、密乗の何就《いず》れかの乗に在り、あるいは何就れの住心にあるかを知るとき、即ち、成れるときが真の理解に達するときなのである。

即身成仏も自らそれを主体的に捉えぬ限り、宝を懐にして永遠に輪廻界をさ迷うことになる。迷悟の迫間《はざま》にある心を十の住心に分かって論じている。それを『秘密曼荼羅十住心論』とその略論である『秘蔵宝鑰』に論じているのである。

この両論に対して後世の多くの学匠が註、解を施している。『十住心論』と『秘蔵宝鑰』に同一の学匠が科註、解を施している。両論に対して同一の学匠が論じていることは極めて興味あることである。

それらの註釈書は次の通りである。

『秘蔵宝鑰顕実鈔』四巻　仁和寺《にんなじ》済暹《さいせん》（一〇二五～一一一五）
『秘蔵宝鑰勘文』三巻　藤原敦光《ふじわらのあつみつ》（一〇六三～一一四〇）
『宝鑰問談鈔』四巻　高野山正智院道範（一一八四～一二五二）
『宝鑰科文』　西大寺興正菩薩（一二〇一～一二九〇）
『宝鑰勘註』八巻　中性院頼瑜（一二二六～一三〇四）
『宝鑰愚艸』五巻　中性院頼瑜
『宝鑰私鈔』六巻　東寺杲宝（一三〇六～一三六二）
『宝鑰馳筆』一巻　東寺賢宝（一三三三～一三九八）
『宝鑰鈔』四十三巻　高野山宝性院宥快（一三五四～一四一六）
『宝鑰問題』四巻　高野山宝生院快雅（～一四三三）

『宝鑰私記』三巻　（名古屋）宝生院政祝（一三六六～一四三九）
『宝鑰纂解』七巻　運敞（一六一四～一六九三）
『宝鑰鼇頭』十巻　霊雲寺浄厳（一六三九～一七〇二）
『宝鑰略解』六巻　三輪山行性（～一六九〇）
『宝鑰撮義鈔』十巻　覚眼（一六四三～一七二五）
『宝鑰見聞』三巻　河内延命院蓮躰（一六六三～一七二六）
『宝鑰私記』三巻　五智山曇寂（一六七四～一七八二）
『宝鑰開宗記』十巻　霊雲寺恵曦（一六七九～一七四七）
『宝鑰疏』三十巻　高野山維宝（一六八七～一七四七）
『宝鑰談塵鈔』一巻　高野山維宝
『宝鑰見光鈔』三巻　高野山妙瑞（一六九六～一七一四）
『宝鑰講録』三巻　亮海（一六九八～一七五四）
『宝鑰張秘録』一巻　豊山戒定（～一八〇五）
『宝鑰講翼』十巻　元瑜（一七五六～一八二六）草本

ここに列挙した学匠たちの多くは、『十住心論』に対しても註釈を施しており、孰《いず》れ、それらを通して、『十住心論』と『秘蔵宝鑰』を考察してみたい。

七、空海の悲しみ

1　智泉逝く

人の別離は何の前触れもなく突然やってくる。何時再発するとも知らない病を抱えて執筆している空海のもとに、突然、智泉の訃報が届けられた。智泉は、空海の妹の子、即ち甥であるが、十二歳（延暦五年〈七八六〉）にして空海の室に入り、嘱望され、最も信頼されていた逸材であった。

三十七歳の若さでの悲しい別離は、予想だにしなかったに違いない。その絞り出すような悲しみは「亡弟子智泉のための達嚫《だつしん》の文」（『性霊集』巻八）に吐露されている。これ以上の言葉をわれわれは見付けることは出来ない。

> 吾《わ》れ飢うれば汝もまた飢う。吾れ楽しめば汝も共に楽しむ。いわゆる孔門の回愚《かいぐ》（顔回）、釈家の慶賢《きようけん》（Ānanda）、汝すなわちこれに当れり。冀うところは百年の遺輪を転じて三密を長夜に驚かさんことを。豈に図らんや、棺槨《かんかく》を吾が車に請うて慟《いた》みあることを吾が懐《おもい》に感ぜしめんとは。哀れなるかな、哀れなるかな、哀れなるかな。

哀れなる中の哀れなり。悲しいかな、悲しいかな、悲が中の悲なり。覚りの朝には夢虎《ぼうこ》なく、悟の日には幻象なしといいえども、然れどもなお夢夜の別れ不覚の涙に忍びず。巨壑《きょかく》半ば渡って片檝《へんしゅう》たちまちに折れ、大虚未だ凌《しの》がざるに一翮《いちれい》たちまちに摧《くだ》く。哀れなるかな、哀れなるかな、また哀れなるかな、悲しいかな、悲しいかな、重ねて悲しいかな」（亡弟子智泉のための達嚫文）

と心中の悲しみの想いを吐露している。空海の文で、このように感情の先走った文は他に見られない。

愛弟子智泉は、天長二年（八二五）三月五日、三十七歳の若さで、期待された才能を抱きながら、高野山東南院《とうなんいん》に示寂された。空海の悲しみ、失望は、絶望に近かった。これによって、空海の入定は早まったといっても過言ではないほどであった。

八、遺誡

空海は、弘仁四年（八一三）と承和年間（八三四～八四八）に二度、遺誡を遺されている。
それらは、
1『遺誡《ゆいかい》』弘仁四年仲夏月晦日
2『御《ご》遺告《ゆいごう》』（遺告諸弟子等二十五条）承和二年三月十五日、入唐求法沙門空海
3『遺告真然大徳等』承和二年三月十五日、入唐求法沙門空海
4『遺告諸弟子等』承和二年三月十五日、入唐求法沙門空海
5『遺誡』承和元年五月二十八日
6『遺誡』（凡真言行人）
7『遺誡』（告未来弟子等）
8『御遺告』（固守戒律）
である。これらの諸遺告から空海の戒律遵守の厳しい姿勢を知ることが出来る。

1　弘仁四年の『遺誡』

先ず、弘仁四年の『遺誡』を見る。

空海の入定が承和二年（八三五）であるから、弘仁年間（八一〇〜八二四）の遺誡は如何かとの疑念が残る。これを勝又俊教先生（一九〇九〜一九九四）は「弘仁三年十二月十四日高雄山寺で灌頂を授けた弟子等に教誡したものか」との見解を示しておられる。

然し、空海の許に去った泰範《たいはん》に最澄が送った文（『伝教大師消息文』）に見られるように、空海夭逝の折には、最澄に真言の法全てを委嘱する旨を述べているとすれば、空海の病状はかなり重篤であり、急を要し、独り人知れず遺誡を認《したた》められたが、病状回復した後日破棄され、今日に残らなかったとも見られる。

先ず弘仁四年（八一三）の『遺誡』を取り上げたが、病に追われ時間に追われている所為か、空海には珍しく文に裕《ゆと》りが見られず、直接的な堅い表現に終始している。『遺誡』は文字数五百ばかりの小論である。

仏道に趣向せんには、戒に非ざれば寧《いず》んぞ到らんや。必ず須らく顕密二戒堅固に受持して、清浄にして犯なかるべし。いわゆる顕戒とは、三帰、八戒、五戒及び声聞、菩薩等の戒なり。四衆に各々本戒あり。密戒とはいわゆる三摩耶戒なり。亦た仏戒と名づけ、また発菩提心戒と名づけ、亦た無為戒と名づくる等なり。是の如きの諸戒は十善を本となす

と、十善戒にかなりの比重をもった表現をし、十善戒に背くべからざることを強調しており、空海の意とする所が知られる。空海は自他共に自己に対する眼は厳しかった。

仏教徒は比丘、比丘尼、沙弥、沙弥尼、式叉摩那《しきしやまな》、優婆塞、優婆夷の七衆以外はない。彼らが守るべきは、パーリ律によれば、三帰、五戒、沙弥戒、沙弥尼戒、正学女（六法）、比丘（二二七戒）、比丘尼（三一一戒）、この他在家には一日戒として白月十五日、黒月十五日の八斉戒がある。比丘、比丘尼は戒律堂（sīma）に集会し、律条を誦出し犯した罪を告白し還浄する。後に七衆それぞれの立場で菩薩行を行ずる菩薩集団が形成され、やがて菩薩戒が行なわれた。

顕戒とは、三帰、五戒、八戒、声聞、縁覚、菩薩などの戒であり、密戒とは、先述の「三

摩耶戒」あるいは「仏戒」、亦たは「発菩提心戒」と呼ばれるものである。

以上の顕密の諸戒は、十善が根本であると空海は説かれる。ここで十善戒、十善業道に触れておきたい。

十善は、身三、口四、意三の十善・十不善業道である。業道（karmapatha）は、インドの人々の間には生活倫理、規範、道徳として vrata と共に、仏教以前から広く行なわれて来た。仏教と略々《ほぼほぼ》同時代の耆那（Jina）教は五戒（pañcavrata）（不殺生〈ahiṃsā〉・不妄語〈satya〉、不《ふ》偸盗《ちゅうとう》〈asteya〉、梵行〈brahmacariya〉、不執着〈aparigraha〉）を修行上の根本理念としている。特に不殺生（ahiṃsā）において顕著である。インドでは特にガンジー在世頃はこの ahiṃsā が国是として取り上げられた。

十善業道や十不善業道について散説する経論は多いが、独立した経論は僅か数本に過ぎない。十不善業道を説く経として『十不善業道経』（大正№七二七）がある。これに対応する西蔵訳に『Mi dge-ba bcu-baḥi las kyi lam-bstan-pa』(Rta dbhyaṅs, 982~1054,『十不善業道説示』東北 No. 3958）と『十不善業道教説』（Dīpaṃkaraśrījñāna.〈Atiśa〉）『Mi-dge-ba bcuḥi las kyi laṃ bstan-pa』（馬鳴、一〇〇頃）がある。十不善業道は堕地獄の因とする。

これは『正法念処経』に広説されていることを述べたものである。

『受十善戒経』（失訳。大正No.一四八六）は、十善業道を戒と説き、次いで十不善業の施報を説く。『十善業道経』一巻（実叉難陀〈六五二〜七一〇〉大正No.六〇〇）には、十善業の果が説かれる。

十善業を行ずる菩薩は、六波羅蜜、四無量心、四摂、四念処、四正断、四神足、五根、五力、七覚支、八正道、奢摩多（śamatha 止）、毘鉢舎那（vipaśyanā 観）、方便など菩薩の徳目に荘厳され、種々の善果を得て、十力、無畏、十八不共法の一切の仏法を悉く円満する。十善業道は、生天の因ばかりでなく、仏道成就の径路とされる。

西蔵訳は、漢文蔵訳が多く、中国におけるこの戒の盛行が偲ばれる。十善は生天の因であり、十不善は堕悪趣の因であると同時に仏果円満の径路としても説かれる。未来において果を引く業道として説かれ、『大智度論』のように戒としては説かれない。

2　パーリ語経典に見られる十善業道

今日、南方上座部仏教に用いられているパーリ語経典中に、十善業道に関しては、三十九箇所以上、十不善業道に関して五十八箇所以上の記述を数えることが出来る。これらは殆ど、十善業道を戒として主張しない。

十善は、善趣、天界に、十不善は悪趣、悪生、堕処、地獄に生ずる業因、業道とするのが圧倒的に多く、この他、未来楽、未来苦、智人、愚人の因なりと説かれる。この他に注目さるべき記述としては、中阿含の『摩偸羅経《まちゆうらきょう》』(Madhura sutta)、『阿摂和経』(Assalāyana sutta)に、十善業、十不善業の前には四姓平等であることを説く段があり、『正見経』(Sammādiṭṭhi sutta)には、不善の根本は、貪・瞋・癡であり、善の根本は不貪、不瞋、不癡の三である、と意業を重視している段がある。

3　大乗仏教における十善戒

大乗仏教においても如上の傾向を踏襲しているが、多くは、菩薩道の要諦である六波羅蜜あるいは十波羅蜜の第二戒波羅蜜として、亦たは十地における第二離垢《りくじ》地を成満させる要因として説かれる。これは従来の十善（業道）の戒として受用されるに足る要素が強化され大乗菩薩の戒としての位置を確立したものである。十善戒を記す大乗の経論は極めて多い。『大智度論』は、

十善を総相戒と為す。別相に無量の戒あり。……戒は身業口業に名づけ七善道の所摂なり（大正二五・三九五中）

と述べ、五戒をはじめとする別解脱律儀など一切の戒を十善戒の中に包摂しようと試みた。そして、この十善戒に、

「仏あるも、仏なきも常にあり」

と権威を認め、身口二業をして展開される七善道を以て戒とした。同論に、

十善道の七事は是れ戒、三を守護となす故に通じて名づけて尸羅波羅蜜となす

と述べる。七事は、身三《しんさん》、口四《くし》の七善道、三は、不貪、不瞋、不邪見の意三《いさん》である。これは、十善戒の中に小乗の戒律を総摂しようとする意図のもとにいったのであろう。

身口二業を制すといわれる小乗の戒律を、同じく身口二業に働く七善道に包摂せしめ、それに身口二業一切の源となる貪・瞋・邪見の意三を加えて、大乗戒の立場を主張しよ

うとしたものである。したがって、菩薩行である六度究満を授ける大乗戒の重点は、専ら意業に注がれ、身口二業に顕現する行為そのものよりも、寧ろ、その動機に功罪の大小を見るのである。この最も顕著な例を『瑜伽師地論』（Yogācārabhūmi śāstra）に説かれる三聚浄戒、あるいは『大日経』の「受方便学処品」に説かれる十善戒に見ることが出来よう。

4　『瑜伽師地論』における十善道

大乗仏教の総括とも見られる『瑜伽師地論』「菩薩地」は、身口二業を制する戒としての七善道に対し、如何なる態度を示しているだろうか。『瑜伽師地論』は、中期大乗に属し、前駆思想の整理統合を目指し、以後の大乗思想展開の分岐点に位するものと見られる重要な論書の一である。

「菩薩地」には、七本の異訳本があるが、七善業道を載せているのは、玄奘（六〇〇〜六六四）訳のみで旧訳に属する求那跋摩《ぐなばつま》（六〇〇〜六六四）、曇無讖《どんむしん》（三八五〜四三三）の訳には出されていない。

身口二の善道の詳しい記述は、四十三軽戒の第九戒にあり、これを闕く旧訳は四十二軽戒を挙げる。サンスクリットの原本に、この記述が見られる点から、旧訳はこの訳出を避け、新訳に至って訳出されたものであることが判る。これは、インドに較べ、風土、人種、言語、文化、思想、民俗、宗教あるいは政治、経済などにおいて全く異質である中国社会における仏教受容の変容の一面を示す好箇の例といえよう。そしてこれは、中国において『梵網経』に説かれる梵網戒、『菩薩瓔珞本業経《ぼさつようらくほんごうきょう》』にいう十無尽戒がもて囃され、行なわれたことにも無関係ではない。

『瑜伽師地論』の「菩薩地」を引用し論を立てるものに『Byaṅ-chub-sems-dpaḥi sdom-pa ñi-śu-pa』(Candragomin『菩薩律儀二十』東北No. 4081)があり、これに対する註釈書に『Byaṅ-chub-sems-dpaḥi sdom-pa ñi-śú-paḥi ḥgrel-pa』(Śānta-rakṣita『菩薩律儀二十註』東北No. 4082)と『Byaṅ-chub-sems-dpaḥi sdom-pa ñi-śu-paḥi dkaḥ-ḥgrel』Bodhibhadra(『菩薩律儀二十難語釈』東北No. 4083)の二本がある。

四十三軽戒は、三聚浄戒を敷衍して四十三戒に収めたことは、『菩薩律儀二十難語釈』

などから理解される。このような構成の中で、七善業道を四十三軽戒の第九、性罪一向不共戒の一戒に収めるのは、その内実から見て不自然であるが、『大智度論』において触れられているように、これを一つの大きな戒概念として把握し、菩薩戒の立場から、その位置づけを試みたと見られるのである。

四十三戒中、第九戒を除く四十二軽戒は、孰《いず》れも嫌恨心、瞋恚心、邪見などの意業から発起されるとき、違犯となる。それが、忘失、懈《け》怠《たい》、懶《らん》惰《だ》、放逸などの条件のもとで行なわれ、その意志が欠けるときは非染汚違犯となるのである。

九、『大日経』における十善戒

大乗菩薩戒として、三聚浄戒を説く『瑜伽師地論』は、四重、四十三軽戒を挙げ、その第九に置かれる七善道の捨棄可能なることを主張している。その思想を直接受け継いでいるか否かは決着されないが『大日経』は、それを「受方便学処品」に説いている。即ち、十善戒を説く段に、身三口四の七不善の各項について、饒益有情《にょうやく》の善巧方便《ぜんぎょう》としてなら、その捨棄も可能なることを説いている。しかし、貪瞋癡の意三については述べられていない。

『大疏』は、十善戒を釈す段で「如大本菩薩戒説」として、大本菩薩戒に憑依《ひょうい》していることを明かしている。これを無等（〜一七六四〜）の『大日経疏探頤録』は『大本菩薩戒経』の存在を主張し、それに当たるといい、あるいは『梵網経』であるという。

那須政隆博士は『大疏』和訳の註に「大本、今日の『大日経』の大本である」と、広本大日経を想定しておられる。

この点に関して、Buddhaguhya の『毘盧遮那現等覚神変加持大怛特羅註釈』（東北 No.

2663）は、不殺生戒以下を釈す段に「菩薩戒品」に説かれる、と、「菩薩戒品」に依拠していることを示している。これは、『瑜伽師地論』所説の「菩薩地戒品」を指していると思われる。

以上のような問題を内にしながら「受方便学処品」の十善戒が『大疏』に釈されるのである。

暫く『大疏』に依れば、

菩薩戒に、略して、二種あり。一には在家、二には出家なり。此の二衆の中にまた二種の戒あり。一には自性修行、二には是れ制戒なり。今、此の十戒は是れ菩薩修行の戒なり（大正三九・七五七中）

といい、十善戒が、出家在家を統合する菩薩の修行の戒であることを明らかに取っている。同時に、この十善戒は、出家在家固有の戒ではなく、

一切世間の諸の天輪王にも亦た十善の法あり、一切の外道にも亦た十善戒あり。一切の二乗にも、亦た、十善戒あり。若し菩薩是の如く持さずば、彼等即ち軽慢非毀《きょうまんひき》の心を生ぜん。我等皆是の如きの善法あり、今、此の人は、自ら大士の行、尊妙の

行と雖も浄戒なし。当に知るべし、学ぶ所真に非ずと。彼等の疑惑、不善の心を生ぜしむるを以ての故に（大正三九・七五七中）

と、従来さまざまな立場から多様に行なわれて来た十善戒を容認し、十善戒に執する人の疑念を除くために、此の戒を持す、というのである。

亦た、声聞の制戒がある如く、大乗の中にも制戒がある。しかし、大乗のそれは、方便智を備えている。したがって、同じく十善戒を受持しても、全く異なった不共の戒となるのである。

例えば、声聞にいう四波羅夷罪《しはらいざい》は、菩薩の制戒では偸蘭遮《ちゅうらんじゃ》（sthūlāyaya）に過ぎず、重禁とはしないのである。密家の重禁とは、『大日経』「具縁品」に説かれる三昧耶戒としての四重禁戒（常不応捨正法、不捨離菩提心、慳悋一切法、不利衆生行）であり、『大疏』第九（大正三九・六七一中）に説かれる三世無障礙智戒としての四重禁「不捨三宝、不応捨離菩提心」である。あるいは、これに六重を加えた十重禁戒である。この他に、『大疏』は『蘇呬耶経《すきや》』を援引して十重を立てる。これは、空海の『胎蔵灌頂略記』に引かれる。

亦た、善無畏三蔵は、『無畏三蔵禅要』に十重禁戒を説いている。これら三種の十重禁戒は、前述の四重禁戒と密接な関係にあることはいうまでもない。『大日経』所載の十善戒は、四重、十重をその基底において行なわれる。

『大疏』は、

前の不殺等（十善戒）は是れ将《まさ》に他人の意に順ぜんとす。又、初めて法に入る者の所持の戒なり。今、次に十事（十重禁）を説くは乃ち是れ一切菩薩の正行の戒なり。若し、菩薩正しく後の十戒（十重禁）に順ずるを以ての故に、たとえ前の十事（十善戒）の中を行ずとも而も犯を為さず（大正三九・七五八上、台北 Vol. 17. fol. 438）

といい、十善戒に優先するものとして十重禁を主張するのである。これについて『大日経』は、次のような設問を用意している。

世尊、彼、何の差別かある。云何んが種々に殊異なる（大正一八・三九上、台北 Vol. 17 fol. 438）

一切の外道や声聞・縁覚に十善戒があるように、大乗菩薩にも十善戒があるけれども、その間には差異があるのか。あるとすれば、如何なる差別があるのかを問うのである。

これに対して世尊は、

吾れ今、差別道と一道法門を演説すべし（大正一八・三九上、台北 Vol. 17. fol. 438）

と返答する。これを『大疏』によれば、

謂く、一切の法は阿字門を出でず。即ち是れ一道なり。道とは謂く、此の法に乗じて、而も至到する所あるの義なり。一道は即ち是れ一切無礙の人共に生死を出でて、直ちに道場の道に至るなり。而も一と言うは、此れ即ち如々の道、独一法界なるが故に一と言うなり。此の一道の中において種々の差別を分別す。猶し、無量岐路皆な宝所に至り、街を殊にして同じく帰するが如し。又、一の阿字門を以て、一切の字を分別するが如きは、当に知るべし、差別ありと雖も阿字門に異ならず。今、此の十善も亦た爾なり。上中下智の所観に随って自ら種々と成る。一切衆生の本原の戒に而も差別あるには非ず。然れども、仏、大衆の所疑を破し、金剛手の所問に答えんが為めの故に、亦た一道の中に於て、而も分別して其の差別の相を答えたまうのみ（大正三九・七五八中）

と釈す。Buddhaguhya は、

一道とは、十善の自性平等を示さんがためなりと釈している。つまり、十善戒は、世間、声聞、縁覚、菩薩を通じて本性上平等（一道）であるが、それら各々の智に応じて、種々の差別相が現起されるのである。十善戒に殊異があるのではなく、受持する側に差別があるので、その差別が十善戒に投影されて、十善戒に差別があるように見えるのである。それらの智の所観に随えば、声聞は「方便と智慧を離れた辺智」を成就し、あるいは、王令に違反すれば罰を蒙るのを怖畏するように、波羅提木叉《はらだいもくしゃ》に制せられて毀犯《きぼん》しない。亦た、自利のために受持して、一切衆生に順ぜんがためでないから、一辺の智に執する。これは、中道実相の戒とはいえない。したがって、そこに差異が認められるのである。

世間外道は、我身は一切を生ずる大我、神の所生であるとする。若し、我より生ずれば、善悪の因果は全て我に帰せられる。若し、無我ならば、持戒の果は誰れのためにも転修しないし、誰れもその報を受けない。したがって、因果の義は成立しない。亦た、断常二辺に著して十善の法を行なう。常の立場に立てば、果報はない。したがって因果の義は成立しない。亦た、断常二辺に著して十善の法を行なう。常の立場に立てば果報なく、若し、断であるとすれば更に果報はない。今、十善を保つといってもその依所がないから、名は十善であっても、恰も、虫が木を喰むとき、たまたま字の形をなすのに等しく、大乗の十善戒と比べるべくもない。

これに対して大乗菩薩は、

一切法平等に入り、智慧方便を摂受す。自他倶なる故に（大正一八・三九上）

と『大日経』に説き、これを釈して『大疏』は、

此の戒は、一切平等の法に入りて、自他を離れて、普く自他を浄む。自ら一切如来の知見を開くこと亦た爾なり。一切は我れに等同なり。一切平等法界に入りて、此の戒を修するを以ての故に一切と共ならず（大正三九・七五八下）

といい、**Buddhaguhya** は、

勝義には、一切法空性平等に住して俗諦には、一切法如幻性平等に住す（北京 No. 3490, Vol. 77. fol. 310-2）

と、大乗菩薩の立場が執を離れた一切平等にあり、智慧と方便を具足して、自利利他円満の立場から学処（十善戒）を行ずるとする。また四摂などに基づき利他行に入り、これを第一とするので、身三口四の七善業捨棄の可能性も出てくる。しかし、饒益有情のた

めの七善業捨棄と雖も教誡に背く故に違犯であり、その功徳は期待されない。この罪過に依って、将来必定して堕地獄の報を受ける、と思い至り覚悟するとき、初めて無量の功徳が発生する。したがって、世間・声聞・菩薩の学処（十善戒）は等同でない。

以上のように、菩薩は「空」の立場をその根本基点とし、智慧と方便を具足して自利利他究満に努める。ここに大乗菩薩戒としての十善戒がある。しかし、十善戒をもって密戒、根本十戒としないのは、先述の通りである。

十、『金剛頂経』における十善戒

『大日経』の「受方便学処品」に、十善業道を、波羅蜜行の菩薩と真言行菩薩倶有の方便学処として説かれる。これに対して『金剛頂経』(Sarva-tathāgata-tattva-saṃgraha nāma mahāyāna-sūtraṃ) の不空訳三巻本の本文には説かれない。

『金剛頂経』の註釈書『Kosalālaṅkāra』(Śākyamitra, 東北 No. 2503)、『Tattvāloka』(Ānandagarbha, 東北 No. 2510) などの釈によれば、弟子を曼荼羅に引入する段に、十善が説かれると釈している。これを手懸りに『金剛頂経』を検ずる。

両部大経の一、『金剛頂経』には、一切義成就菩薩の仏身円満、三十七尊出生、百八名讃、金剛界曼荼羅図絵、曼荼羅に入る阿闍梨の所作が説かれ、ついで弟子引入の作法と器非器の簡択《けんじやく》が説かれる。

次当広説金剛弟子。入金剛大曼荼羅儀軌。於中我先説令入尽無余有情界。抜済利益安楽。最勝悉地因果故。入此大曼荼羅(大正一八・二一七中)

とある。これは、『Tattvāloka』によれば、無余の世界において、全ての有情を十不善から還浄《げんじょう》せしめるのが抜済であり、それに依って世間の安楽と出世間の最勝悉地がある、とし、最勝悉地なる果に対して曼荼羅に入るのは、その因となる故に曼荼羅への引入が必要となることを明かすのである。無上菩提果を得る根本に十不善の捨棄がある、というのが Ānandagarbha の見解である。

『金剛頂経』では、十善業道を仏戒とはしない。十善業道を生天を願う業道とし、十不善業道を堕悪趣の因としている。十善業道、十不善業道は広く仏教と並行して行なわれ、『大智度論』に、

十善を総相戒と為す。別相に無量の戒あり（大正二五・三九五中）

とあるように、大・小乗を統合する戒としての機能を有ち、あるいは、空海の『平城天皇灌頂文』に、

顕教・密教の衜は器に任せて而も施したまう。其の教門に順じて戒も亦た不同なり。故に龍猛菩薩の説かく、戒に五種あり、人・天・声聞・縁覚・菩薩三昧耶仏戒なり。……十善戒は五種に通ず。（弘全二・一五九）

と述べ、弘仁の『遺誡』が、「是の如きの諸戒は十善を本となす」と十善戒が一切の戒

の根本であると説くのである。

十一、空海における十善戒

（『十住心論』を中心に）

『平城天皇灌頂文《へいぜいてんのうかんじょうもん》』に、龍猛菩薩の説に従って、人・天・声聞・縁覚・菩薩および密教者を立て、人・天は世間、声聞・縁覚は出世間、菩薩および密教者は、世間・出世間を統合し両者に通ずるものとした。これを『十住心論』などによって検討してみよう。

1　十住心と十善戒

『十住心論』は、竪の教判を説き、横の教判を説く『弁顕密二教論』に並ぶ書である。十住心は、『大日経』住心品および『大疏』に依って立てられる。この住心によって、わが国に行なわれて来た儒・道・仏をはじめ一切を密教の立場から総合的に体系づけ、判釈を与えた。同時に、心続生の過程を示すものである。単に九顕一密をもって真言密教の優位性を主張するばかりでなく、それぞの立場を容認し、その絶対価値は第十住心に等同である、という立場から十顕十密をも説くのである。即ち、

十住心	対応	分類		
① 異生羝羊心	三悪道	人間道	顕教	
② 愚童持斎心	人　乗	人間道	顕教	
③ 嬰童無畏心	天　乗	人間道	顕教	
④ 唯蘊無我心	声聞乗	小　乗	顕教	
⑤ 抜業因種心	縁覚乗	小　乗	顕教	
⑥ 他縁大乗心	法相宗	大　乗	顕教	
⑦ 覚心不生心	三論宗	大　乗	顕教	
⑧ 一道無為心	天台宗	大　乗	顕教	
⑨ 極無自性心	華厳宗	大　乗	顕教	
⑩ 秘密荘厳心	真言宗	仏　乗	密教	

①異生羝羊心

此れは是れ羝羊なり。凡夫所動の身口意業は皆これ悪業なり。身の悪業に三あり。謂く殺・盗・淫なり。口の悪業に四あり。謂く、妄語・麁悪・離間・無義是れなり。

意の悪業に三あり。謂く、貪・瞋・癡是れなり。是の如きの十種の悪業は、一々に皆な三悪道の果を招く（弘全一・一三三）

さらに『菩薩地持論』『雑宝蔵経』を引き、西明寺沙門釈道世集の『諸経要集』（大正五四・一二四下）の文を引いて細説している。この羝羊の凡夫について『三昧耶戒序』は、

—異生羝羊心

異生羝羊の凡夫は専ら十不善等の業を造り、三毒五欲の楽に躭って、曾て後身三途の極苦に堕することを知らず（弘全二・一三五）

と、三悪趣に堕す因である十不善業道を専らにして修善の様子がない。まして身口意を制する十善戒は見られないのである。このように、異生凡夫は一向に悪心であるが、諸法は全て縁により生じて無自性であるから、善知識の教誘に遇えば持斎の心を起こすのである。

②愚童持斎心

『十住心論』に、

愚童持斎心とは、即ち是れ人趣善心の萌兆。凡夫帰源の濫觴なり……不及の善生じ、探湯の悪休す。内外の三帰、此れより発り、人天の十善これに因って修行す（弘全一・一七八）

と、一向行悪の凡夫に善を志求する心が生じ、これによって十善を行ずるようになるのである。そのはじめは先ず三帰より始まることを記して、「持斎の心は必ず三帰を求めて修す。五戒八戒十善は此より相続して修行す」（弘全一・一八二）と述べる。三帰五戒十善を説くために法琳《ほうりん》（五七二～六四〇）の『弁証論』（大正五二・四九三下）の文を引き、更に、十善を説くのに『華厳経』を引き「十善業道は是れ人天の因とおよび有頂の因となり」と述べ、『仁王経』の「中下品の善は粟散《ぞくさん》王なり」（大正八・八二七中）を引き、十善によって人中の王になることを示し、更に『正法念処経』の十善の説に説かれる「命終して天世間に生ず」の文を引く。その他『倶舎論』『金光明経』『王法正論経』『順正理論』『施設足論』『起世経』『瑜伽論』『十住毘婆沙論』などを縦横に引用しながら、十善が転輪聖王の因となることを示している。これを『三昧耶戒序』では、「愚童持斎の人乗の法は、漸く因果を信じて五常五戒等を行ずと云うと雖も、尚おこれ人中の因にして生天の楽を得ず」（弘全二・一三五）と十善は人趣の因に過ぎないことを説くのである。

③嬰童無畏心

嬰童無畏心は、因果の理を信じ戒を守り天に生ずることを願う。ここに、数論（Sāṅkhya）、声論（Mīmāṃsā）、勝論（Vaiśeṣika）、離繋《りけ》（Nirgrantha）、獣主（Pāśupata）など十六外道がいわれる。これらの中には牛戒（go-vrata）、狗戒（kukkura-vrata）、山羊戒（aja-vrata）などを持すものも含まれる。

この護戒生天に関して『十住心論』は、

言わく、護戒生天に且く三種あり。一には外道の護戒生天、二には二乗の護戒生天、三には菩薩の護戒生天なり。今は異生を明かす。天に二十八種あり。大いに分かって三となす。一に欲界、二には色界、三には無色界なり（弘全一・二二九）

と。この二十八天の楽を受けるといっても、終には人中地獄等に堕して生死を出ずることはないと『三昧耶戒序』（弘全二・一三五）に述べている。

④唯蘊無我心・⑤抜業因種心

声聞、縁覚の二乗に相当する。先ず、声聞乗の十善に就いては、『華厳経』による。

上品の十善によって自利を行ずる声聞の立場を大約して、

生空を唯蘊に遮し、我倒を幻炎に譬う。二百五十の戒は身口の非を防ぎ、三十七の菩提は身心の善を習う。時を告ぐれば三生六十劫。果を示せば則ち四向四果なり。識を説けば唯し六種、法を摂すれば則ち五位なり。四諦四念に其の観を瑩《みが》き、六通八解に其の証を得。生死を厭怖して身智を灰滅《かいめつ》し、湛寂を欣仰《ごんぎょう》して虚空に等同なり。是れ則ち声聞自利の行果、羊車出欲の方便なり（弘全一・二五四）

と説き、縁覚乗もまた『華厳経』を引いて十善を示す。云く、

上品の十善自利清浄にして、他の教に従わず、自ら覚悟する故に、大悲・方便を具足せざるが故に、甚深縁生の法を悟解するが故に（弘全一・二八一）

と。声聞・縁覚は、生死流転の輪を断じ得ない三界の至高非想非非想処を超えて、灰身《けしん》滅智《めっち》の阿羅漢地を目指すが、猶、自利行である。しかし、同じく十善を修行しても前三者とは、大いにその趣を異にしていることは明らかである。これを『三昧耶戒序』は、

唯蘊無我・抜業因種の二種の羊鹿の乗は、三界を出ずと雖も猶お是れ下劣なり。三生六十の劫、七八四百の時、何ぞ其れ眇《びょう》なるかな（弘全一・一三五）

と説く。

⑥他縁大乗心

この住心は、『成唯識論』『瑜伽師地論』によって資糧、加行、通達、修習、究竟の五位を説く。この中、修習位に十地を説き、その第二離垢地において十善を説くのである。

『仁王経』により、

若し菩薩、千仏国の中に住して、忉利天の王と作って、千の法門を修し、十善道を以て一切衆生を化す（弘全一・三〇九、『仁王経』大正八・八二七上）

『華厳経』により、

十不善道は是れ三悪趣の因なり。十善業道は是れ人天乃至有頂処の因なり。上品の十善は修治清浄にして心広く無量なるが故に悲愍を具足して衆生を捨てず、諸仏の大智を希求するが故に、乃至十力、四無畏を証するが故に、一切の仏法皆成就することを得ん。此の菩薩は無量百千億那由他劫（nayuta-kalpa）において慳嫉破戒の垢を遠離するが故に四摂法の中には愛語偏多なり。十度の中には戒波羅蜜多を修持す。多く輪王と作る（弘全一・三〇九、『華厳経』大正一〇・一八五上〜下の取意）

という。

十善の果として『仁王経』により忉利天を示す。『華厳経』に依って十善が人天乃至有頂処（非想非非想処）の因なることを説き、多くは輪王となると説かれ、人乗、天乗と同じ果を示しているが、同時に悲愍と饒益有情を具足していることをも明かしていることに注目すべきであろう。すなわち、「十善の格式を造って、六趣の衆生を導く」と説かれるのである。そして十度の中の戒波羅蜜を行ずといい、三聚浄戒を行ずるのである。ここに、小乗戒を包摂したより高次元の大乗戒が説かれる、十善戒もそれと軌を一にするのである。

⑦覚心不生心

覚心不生心以上には十善を説いていない。「覚心不生心」「一道無為心」「極無自性心」

に配される各乗の所依の経論はいずれも十善が生天解脱の因なることを是認し、用いている。大乗菩薩行を助ける大乗戒の重点が意業に注がれたことは已に明かした通りである。したがって、意業の在り方が十善戒の在り方におよび、十善戒を性格づけるものとなる。これに関する空海の見解は、『十住心論』に詳しい。それを要略して『三昧耶戒序』は、

他縁大乗と覚心不生の二種の法門は、身命を捨てて布施を行じ、妻子を許して他人に与え、三大阿僧祇を経て六度万行を行ず。劫石《ごうじやく》高広にして尽し難く、弱心退し易くして進み難し。十進九退す（弘全二・一三五）

と説き、『平城天皇灌頂文』には、

三論は則ち善く八不空性の理を説き、妙に除滅諸戯論の趣を開く。一実無生の観、之《これ》に因って而も立ち、二諦中道の義、此れより而も発す。是れ則ち三毒四魔を焼蕩するの猛火、戯論の妄雲を褰巻《けんかん》するの暴風なり。身心の着愛を掃い、内外の障碍を除かんには、この薬、最を得る。般若仏母文殊三昧の門なり（弘全二・一六〇）

と説かれる。

⑧一道無為心

『三昧耶戒序』に、

一道の心は、心垢を払って清浄に入り、境智を泯して如々を証す、と云うと雖も猶お是れ一道清浄の楽にして、金剛の宝蔵に入らず（弘全二・一三五）

と説き、『平城天皇灌頂文』には、

天台は一乗三観の道を言い、四教一如の義を顕わし、一念三諦造境即中を以て極妙と為す。『法華経』に拠り、『中観論』に憑って一家の義を構え、一丘の峯に住す。其人を言えば、則ち、観音大悲三昧の門なり（弘全二・一六二）

と説かれるのである。

⑨極無自性心

この住心について『三昧耶戒序』には、

極無自性心は法界を融して三世間の身を証し、帝網に等しくして一大法身を得と云

うと雖も猶お是れ成仏の因、初心の仏なり（弘全二・一三五）

と説かれ、『平城天皇灌頂文』には、

華厳は妙に法界無碍に通じ、広く理事円融を談ず。是れ則ち諸法の性相不変の病を除き、心仏無別の薬を示す。人に名づくれば則ち普賢大士法界三昧の門なり（弘全二・一六二）

と説かれる。

以上のようにそれぞれの立場からそれぞれに十善を行ずる。十善を修す動機・因は順次高められたが、期する果は伝統的な生天解脱におかれた。これに対して、真言門の菩薩は、これらの住心を越えて住するのである。しかし同時に、機に随って法を授け、器に依って戒を授ける。差別を認めながらその絶対価値は全て等同であり、秘密乗に等同であり、秘密乗に帰一されるとする。

先に「九、『大日経』における十善戒」の段で論じたように、十善戒は、三昧耶戒の近くまで高められたが、空海は、住心は無自性であるから展転勝進して息む時がない。『平城天皇灌頂文』に、深般若《じんぱんにゃ》を以て無自性を観ずるが故に、自然に一切の悪を離れ、一切の善を修し自他の衆生を饒益す。即ち是れ三聚妙戒を具足して欠くること無し。秘密三摩地に住するも亦復た是の如し、此の乗に住する者は此の戒を以て自の身心を検知し、衆生を教化す。即ち此れ秘密三摩耶仏戒なり（弘全二・一七二）

と説かれる。

ここに説かれる一切善が身口意に現起される十善業に集約される故に、十善戒は、三昧耶戒に等同である。

⑩秘密荘厳心

一切処にあって善悪の業を造作する縁起生滅の世間に、仏道を求めるとき、戒が必須の条件となる。ここで空海は、顕戒、密戒を説く。顕戒とは四衆の三帰、八《はっ》（斎《さい》）戒《かい》、五戒および声聞・縁覚の律、菩薩の戒である。密戒は三摩耶戒である。これらの諸の戒は、全て十善を基とすると説くのである。仏道を求める者は一向に善を求め悪を離れる旨を説くのである。そして多くの経論に依用されている十善戒は仏教の根幹なることを強調しているのである。

十二、空海の遺業

1　金剛峯寺建立

齢四十、中寿の頃、悪瘡の再発に見舞われ完治は期待出来なかった様である。空海は、その事実を静かに受け止められ、心揺らぐことはなかった。インドにおける中期密教の『大日経』(Caryā-tantra)、『金剛頂経』(Yoga-tantra)を底辺に顕密二教各別を論じ、『菩提心論』を基調とする『般若心経秘鍵』『即身成仏義』『声字実相義』『吽字義』を論じ、それらを『秘密曼荼羅十住心論』に纏め論じ、更に勅命により『秘蔵宝鑰』を著し、日本密教の全体像を示された。

空海の論調は、自由闊達・伸びやかで、四六駢儷体を以て柔軟な思惟を示し、われわれにより広く深い思索を促しているようである。

密教発信の地として、若かった頃、山野を跋渉した折、心に留められたのであろうか、曼荼羅相応の地として、同時に入定の地として、弘仁七年(八一六)高野山の下賜《かし》を願い出ているのである(「於紀伊国伊都郡高野峯被請乞入定処表」『遍照発揮性霊集』弘全十)。

執筆の合間、高野山を往復した空海は、山中に、嘗て帰京の折、越州に船出を待っていたとき、密教相応の地を願って東方に向かって投じた三鈷杵を発見した。今日でも、金剛峯寺の境内には、嘗て唐より投じた三鈷杵が懸かっていたといわれる三葉の松の木が、「三鈷杵の松」として広く信を集めている（本書52頁写真参照）。

若い頃、経廻《めぐ》り歩いた想い出深い山野を寺院建立のため結界された。感慨一入であったろう（「高野建立初結界啓白文」『性霊集』巻九）。弘仁八年（八一七）の頃であった。更に、執筆の合間を見ては、高野山を往復し、伽藍建立のため結界をした（「高野建立壇場結界啓白文」『性霊集』巻九）。

金剛峯寺造立のため、鎮守を勧請し、寺の中心におかれる大塔の心材伐採に参加されたのである。

一山を整えるという大事業にも不拘《かかわらず》金銭的な問題には触れておられない。こうした事は入唐の折から見られることであった。橘逸勢の帰京の事由の一である経済的な逼迫、これは留学僧としての空海も同様であったろうと思われる。空海は、財の不足を一切表《おもて》に出すことはなかった。伝法灌頂成満の折、多くの有徳の僧を招き祝賀の法会を催された。

『御請来目録』に見られる如く、密教の経論儀軌等、曼荼羅、一流の画家による祖師方の肖像画、密器等の鋳造等々の費用は何処から捻出されたのであろうか。

山容整った高野山に、紅葉綾なす晩秋、嵯峨天皇の下命により、空海は入住されたのである。

2　満濃地修復

金剛峯寺建立の一大事業が一段落し、暫くは、『真言付法伝』『三昧耶戒序』などの執筆に過ごされ、併せて、龍猛ら祖師方の肖像の下方に各祖師の行状などを自書されて過ごされた（「奉二為四恩一図二二部大曼荼羅幷十護像一願文」『性霊集』巻七）。

そんな折、讃岐国の国司から、前年（弘仁九年〈八一八〉）決壊し、工事の技術的なこと、工事に携わる人夫など諸般の事情により、修復出来ずにいる満濃池《まんのういけ》の修復に空海の援けを求めて来た。その間の事情を『日本紀略』に、

満濃池

讃岐国言《もう》す。去年より始めて満濃池を隄《つ》くも、工《わざ》大にして民少なし。成功未だ期せず。僧空海は此の土《くに》の人なり。山中に坐禅せば、獣馴れ鳥狎《な》る。海外に道を求め、虚《むな》しく往《ゆ》きて実《みち》て帰れり。居れば則ち生徒《しょうと》市をなし、民庶は影を望む。市をなし。出ずれば則ち追従するもの雲の如し。常に京都に住す。百姓恋慕すること父母の如し。もし師来ると聞かば必ず履を倒れして相迎えん

(弘仁十二年壬戌条)

とあり、空海に庶民の意志統一を希って同郷の人という親しみもあり、学僧空海ではなく、自利利他円満の菩薩のお姿を求めて

いたことが判るのである。しかし、空海は冷静であった。後年、真言密教を支える主要な諸論に筆を染めて断ずることなく、倦むことはなかった。

こうした作業の間に、空海は、螢雪縄錐《けいせつじょうすい》の日々を想い出したのであろうか。

3　綜芸種智院

若くして大学を離れた空海は、学校を否定するものではなかった。空海の教育に対する姿勢は「綜芸種智院《しゅげいしゅちいん》の式并序」(『性霊集』巻十)に「物の興廃は必ず人による。人の昇沈は定んで道にあり」と、人と教育の基本の重要性を吐露している。そして、今更学校でもあるまい、という難に対し空海は、入唐の折西安《せいあん》で見聞した事を踏まえて次のように述べている。

大唐の城には、坊々に閭塾《りょじゅく》を置いて、普ねく童稚を教え、県々《さとざと》に郷学を開いて、広く青衿《せいきん》を導く。この故に才子城に満ち、芸士国に盈《み》てり。今、この華城(平安京)にはただ一つの大学のみあって、閭塾あることなし。この故に貧賤の子弟、津《しん》を問う

所なく、遠方の好事、往還するに疲れ多し。今この一院を建てて、普ねく瞳矇《どうもう》を済《すく》わん。また善からざらんや

授法の多端の中にあって空海の目は鋭く、我邦《わがくに》の教育制度の不備を指摘し新たな大学の創立を示された。空海の胸中には、恵まれたとは云い難い若き日の螢雪縄錐を想い起こしていたであろう。

学林は、納言藤大卿（藤原朝臣、三守）の援助を得て開設出来た。

地は弐町余り。屋すなわち五間なり。東は施薬慈院に隣り、西は真言の仁祠《じんし》（東寺）に近し。生休帰真の原（墓地）南に迫り、衣食出内の坊、北に居す

とあり、学林の立地条件としては申し分なかった。

名称「綜芸種智院」は『大日経』の「妙慧慈悲兼綜衆芸」（大正一八・四上）に依ったものである。空海の胸中には、若き日学んだ槐市《かいし》が去来していたことであろう。空海の考えていた学林は開かれた学林であり、儒・道・仏の何れにも偏しない、自由に思索を遊ばせることの出来る学究の場であったろう。その理想を善財童子の求法に見ているのである。指導する師は「衆芸を兼ね綜《す》ぶ」人であり、仏教を伝える人であり、外書を説く

儒家、道家らである。

種智院に学する者全てに糧食を給すべきであると説いている。因みに、仏教の比丘(bhikkhu)は、乞食《こつじき》が本義である。出家者には四依法が課される。四依法とは、生きていく上で必要不可欠の衣・食・住・薬に関する罰則の伴わない規定《きまり》である。

現行の南方上座部仏教国では、出家し、僧院生活に入ると、先ず、四の「省察文」(cattāro paccavekkhana)の教示がある。衣食住薬に関する出家生活の基本的な生活心得を説くものである。

①衣

暑さ寒さを防ぎ、虻、蚊、蚖蛇、および蝮蝎、風、日光より身を護り、恥し所を覆うためのみと沈思して黄衣を纏《まと》います。

②食

食は、遊び驕り俏《やつ》しの争いのためには受けず、ただ、この身を保ち苦痛を退け、梵行、瞑想のため受け、全ての古き患悩を癒すべく、新たなる苦悩を制すべく食を受け、非難なき、円満な生活のためのみと沈思して食を受けます。

③住

ただ暑さ寒さを防ぎ、虻、蚊、蚖蛇、および蝮蝎、風、日光より身を護り、季節季節の災害を免れ、孤高の生活を楽しむためのみと沈思して寓所に住します。

④薬

薬は、ただ身より病苦を払い、身を護り、瞋恚を去らしむる最上のものとして、病を癒すべく服します。

従来の学校は、貴族、豪族の子弟に限られた、公職のための学校であるが、種智院は、能力に応じた、全てに開かれた大学であった。

他に類を見ない世界最初の大学である。空海のこの伸びやかな教育理念には、まさに今日的以上のものを見ることが出来る。

十三、空海入定

恵果和上に従って、密教最高の伝法灌頂を受け、日本人として初めて伝法大阿闍梨の職位を受け、伝法大阿闍梨となられた。

帰国後は、請来せる経軌、曼荼羅、密器などの整理と入壇灌頂、教化に過ごされていた。帰国後六年、三十九歳のとき、持病の癰《よう》の再発があった。最澄と交わした会話にも見られるように、かなり重篤で、遺誡《ゆいかい》を残すほどであった。病が癒えるや、残された時間を想い、空海は執筆に取り掛った。

大乗仏教から密教への変遷を『般若心経秘鍵』に論じ、顕密差別を『弁顕密二教論』に説き、更に論を進めて、十住心の名義を全て出し説く『真言付法伝』、そして『三昧耶戒序』を出し、身口心三密に係わる『即身成仏義』『声字実相義』『吽字義』を説き、『十住心論』、その略論『秘蔵宝鑰』を説き、日本密教の大綱を確立していった。

これらの諸論に、龍猛菩薩の『発菩提心論』を加えて、後世『十巻章《じっかんじょう》』と呼び、真言宗秘奥の書としている。空海の論述には無駄なきことが知られる。

空海は、論書を書きはじめる当初から全体を見通していたと考えられる。したがって、それらに関わる一切の経、軌則は、真言宗徒の必須の書でもある。それを指示しているのが『真言宗所学経律論目録』（三学録）である。これに依って、われわれは、空海の真言宗全体の論述の姿勢を窺うことが出来るのである。

再発の恐れある病を抱えての執筆生活は、以後十七年の長きにおよび、真言宗の主たる論を完成させた。この一連の論を完成させた年、天長八年（八三一年。五十八歳）「悪瘡体に起って、吉相現せず」（「大僧都空海、病に嬰《かか》りて上表して職を辞する奏状」『性霊集』巻九）を以て公職の辞任を奏したが許されなかった。

何時《いつ》発病するか判らない病を抱えての執筆の完成は、空海にとって喜びも一入であったろう。われわれは、その喜びを金剛峯寺に新たに設けられた万灯会《まんどうえ》に見ることが出来る。

日本における万灯会のはじまりは、奈良朝時代といわれ、高野山に創められたのは天長九年（八三二）九月二十四日といわれる。

万灯会の淵源は『阿闍世王授決経』（大正No.五〇九）、『賢愚経』（大正No.二〇二）に見られるが、人口に膾炙されている物語「長者の万灯、貧者の一灯」も見逃せない。

天長九年八月二十四日、上表して、同九月二十四日に、国の公典として高野山に設けられた。この時の「高野山万灯会願文」に、真言密教の完成と、二十年にも及ぶ執筆の労苦とその完成の喜びを、

虚空尽き、衆生尽き、涅槃尽きなば我が願も尽きん

の一文に籠められ、一切に対し限りない慈眼《じげん》を注がれたのである。

最澄歿き後、空海は一人淋しげであった。

空海は、持病ともいえる悪瘡の再発で、再起不能なることを悟り、天長九年頃から穀

高野山奥之院

断ちをするなど、静かに入定の時に具え、その間、葬処を定められた。

空海は、実慧《じちえ》、真済《しんぜい》、真雅《しんが》、真照、堅恵、真然《しんねん》、道雄、円明、真如《しんにょ》らの諸弟子を枕頭に集め、滅後の事を指示された。そして、滅後の事を慮って、幾本かの遺告《ゆいごう》を残された。それらは〝承和の遺誡〟として知られている。

それらは、

㈠「遺告住山弟子等」

承和元年十一月十五日（弘全二・七七一）

㈡「遺告諸弟子等」貳拾五条

承和二年三月十五日

入唐求法沙門空𣳾（弘全二・七八一）

㈢「遺告真然大徳等」

承和二年三月十五日

入唐求法沙門空海（弘全二・八一四）

㈣「遺告諸弟子等」

承和二年三月十五日

入唐求法沙門空海彔（弘全二・八二〇）

㊄　遺誡・語諸金剛弟子等

承和元年五月二十八日（弘全二・八六四）

『性霊集』巻第九『高雄山寺択任㆓三綱㆒之書』の後文（弘全三・五三八）

㊅　遺誡・凡真言行人（弘全五・四一）

㊆　再遺告（入唐学法沙門空海）

一本云承和二年三月十五日書

空海には、これら以前、弘仁四年（八一三年。四十歳頃）の遺誡がある。前述の通り、一切の根本を「十善」に見て論じているが、四十歳という若さもあろうが、誡めの言葉は厳しい。

（犯戒の者は）仏弟子に非ず、金剛子に非ず、蓮華子に非ず、菩薩子に非ず、声聞子に非ず、吾が弟子に非ず、我れも亦た彼の師に非ず。

永く共に住せずして語らず、往き去れ、住すること莫れ、往き去れ、住することなかれ（弘全二・八六二）

と厳しい語を連ねている、然し、承和の遺告には、このような厳しい言葉は全く見られない。

遠くに眼差しを遊ばせながら、胸中に去来する往時を懐古するように、飾らない文言で説かれ、身近かな諸問題の処理を指示し、弟子らへの配慮も示された。

覚悟を決められた空海の穏やかな心の

修行大師

内が見えてくるようである。

春とは名ばかりの三月、高野の山は、未だ冬の粧いである。山の木々を打ち鳴らして、遠く近く打ち寄せる凶暴な山の風音、空海の枕頭に燃える灯火《あかり》は微動だにせず、遠のく風音の中、灯火《あかり》は凍りついたようであった。沈黙が一切を支配し、壁に映る人影も微動だにせず、時は止まったようであった。

于時《ときに》、承和二年（八三五）三月二十一日、寅刻、空海は、深い沈黙の中、新たなる定に入られた。

主な参考文献

『弘法大師物語』　○新居祐政著　朱鷺書房　一九八二年（昭和五十七）
『弘法大師―異国に学んだ先駆者―』　○今枝二郎著　五月書房　一九九二年（平成四）
『弘法大師伝』　○加藤精一著　真言宗豊山派刊　一九八三年（昭和五十八）
『弘法大師空海伝』　春秋社　一九八九年（平成元）
『空海』　○上山春平著　朝日新聞社　一九八一年（昭和五十六）
『空海の足跡』　○五来　重著　角川書店　一九九四年（平成六）
『空海入門』　○高木訷元著　法蔵館　二〇〇九年（平成二十一）
『空海入門―本源への回帰―』　法蔵館　一九九〇年（平成二）
『空海―生涯とその周辺―』　吉川弘文館　二〇〇九年（平成二十一）

○高木訷元・岡村圭真編
『密教の聖者空海』　吉川弘文館　二〇〇三年（平成十五）
○竹内信夫著
『空海の思想』　ちくま新書　二〇一四年（平成二十六）
○陳　舜臣著
『曼陀羅の人　空海求法伝』上・下　TBSブリタニカ　一九八四年（昭和五十九）
○寺林　峻著
『もう一人の空海』　春秋社　一九九〇年（平成二）
○前嶋信次著
『空海入唐記』　誠文堂新光社　一九八三年（昭和五十八）
○宮坂宥勝著
『空海─生涯と思想─』　筑摩書房　一九八四年（昭和五十九）
○宮崎忍勝著
『現代に生きる　弘法大師空海─その精神から何をどう学ぶか─』　朱鷺書房　一九八二年（昭和五十七）
○村上保壽著
『空海と智の構造』　東方出版　一九九六年（平成八）
○ＮＨＫ取材班

『『空海の風景』を旅する』　中央公論新社　二〇〇二年（平成十四）
『弘法大師への道　ご遠忌記念』　智山派東京東部教区　一九八二年（昭和五十七）
『弘法大師・空海』　河出書房新社　一九八四年（昭和五十九）

あとがき

此の本が世に出る頃、恐らく人並みに米寿を迎えていることと思う。徒に歳を重ね、日に三省しても足らぬことばかりである。お大師さまの生誕祝いということで、お大師さまの生涯を、私なりの視線で纏めて見ようと思い、話題を拾って論じ、全体像に結びつけようと努力したが、乍残念、大きすぎて全体像を纏めることが出来なかった。

中国における最後の伝灯大阿闍梨恵果和上から相承した密教を日本に伝えたのが弘法大師空海である。彼は帰国間近かな頃、ナーランダー寺に学んだ。般若三蔵、牟尼室利らについて、中国相承の密教とは異質の密教を学ばれた。その先には『ターラナータ仏教史』によれば、Buddhaguhya がおり、Ānandagarbha や Śākyamitra が活躍したことが知られている。これらを踏まえて、弘法大師空海の全体をもう一度確かめたいと思う。これが、生誕一二五〇年の記念に応しいことではないか、と思っている。
コロナ禍で十分写真の準備が出来ず髙橋さんの手を煩わすことになった。記してお礼を申し上げたい。有り難うございました。

令和四年秋

蓮花寺仏教研究所　遠藤祐純

写真提供：著者

以下は、ピクスタ（PIXTA）
カバー表1・本扉：室戸岬から望む水平線（moburiss）
本文：善通寺（KAKU）、御厨人窟（そら）、御厨人窟（内部）（Yama）、御厨人窟から海を見る（よっちゃん必撮仕事人）、三鈷杵の松（kenji）、満濃池（mandegan）、高野山奥之院（金土日曜）

遠藤祐純えんどう・ゆうじゅん略歴

略　歴

1935年　福島県に生まれる
1970年　東北大学大学院文学研究科博士課程単位取得、満期退学
1974年　真言宗智山派蓮花寺住職
2005年　大正大学名誉教授
2007年　蓮花寺仏教研究所代表
2023年　蓮沼院住職

専　攻　仏教学（密教）

著　書　『釈尊—その足跡—』『風鐸』『続 風鐸』『北の仏教・南の仏教　塔のある風景』『ミャンマー乞食旅行』『金剛頂経入門』シリーズ全5巻、『金剛頂経研究』『蔵漢対照『大日経』と『広釈』上・下』『戒律概説—初期仏教から密教へ』『Āandagarbha造『金剛界大曼荼羅儀軌一切金剛出現』『金剛薩埵出現と名づくる成就法』『金剛薩埵成就法』和訳』（以上、ノンブル社）ほか多数

弘法大師空海ご生誕一千二五〇年記念

弘法大師《こうぼうだいし》 空海《くうかい》 年譜《ねんぷ》をめぐって

2023年6月15日　第1刷第1版発行

著　者　遠藤　祐純

発行者　竹之下正俊

発行所　株式会社ノンブル社

169-0051 東京都新宿区西早稲田 1-8-22-201
電話 03-3203-3357　FAX 03-3203-2156
振替 00170-8-11093

ISBN978-4-86644-034-7　C0015

印刷製本・亜細亜印刷株式会社

遠藤祐純の本

風鐸《ふうたく》 日本図書館協会選定図書

弘法大師空海に学ぶ、生活の中の密教 風鐸は本堂の隅木に吊るされた銅製の鈴である。吹き来る風に時折風雅な音を響かせて、存在を気付かせてくれる。心に吹き寄せる業風に、読む人の心の底で、幽かであっても、何らかの音色を奏でてくれればとの願いを籠めて

四六判上／二三〇〇円＋税

続・風鐸《ふうたく》

私たちが日頃歩む道路ばかりではない。呱々の産声とともに人生の道を歩みはじめ、命終をもって一応の道は完了するが、その道は次の世代の道へと接続され果てしない。お大師さまは仰せられた「道は本より虚無なり　終りも無く始めも無し」と。（本文より）

四六判上／二四〇〇円＋税

北の仏教・南の仏教　塔のある風景 日本図書館協会選定図書

仏を求める旅で考えたこと 暑熱と埃、ジャスミンの清楚な香り、牛糞の臭い、喧騒と静寂、冗舌と沈黙、緩慢な時の流れ、ありあまる広大な空間、その片隅に棟を寄せ合う小村落、そこにはすべての不条理も呑み下してしまう不思議な平穏があった

貴重な〈仏塔〉写真70点以上収載　四六判上／口絵／二八〇〇円＋税

ミャンマー乞食旅行 日本図書館協会選定図書

留学僧としてパゴダの国へ 私たちの想像の及ばない厳しい生活下にありながら、ミャンマーの人たちは、優しい笑顔を絶やすことなく、私を包んでくれた。彼らに接するたびに、私たちがすでに失ってしまった、豊かでやさしく他を思い遣る心根に触れ、心はゆったりと揺蕩うのである

四六判上／二六〇〇円＋税

釈尊―その足跡―

いまに継がれる法灯の原点 ミャンマーとタイで三年間の比丘生活を送り、戒律や『法句経』『大般涅槃経』などを学んだ著者が南伝の釈尊伝を基に書き起こしたお釈迦さまの足跡

四六判上／二七〇〇円＋税

仏教における観法

今もっとも求められる実践の仏教 かつて修した内観禅の体験と智を書き起こし、密教による観法をインドの諸学匠、空海、覚鑁などの阿字観によって解き明かす

四六判上／三〇〇〇円＋税